Kempf / Kübler / Meierhöfer

Aufsätze im 4. Schuljahr richtig schreiben können

MANZ VERLAG

5. Auflage 2003
Manz Verlag

Lektorat: Peter Süß, München
Umschlaggestaltung: Zembsch' Werkstatt, München
Titelbild: Luiz Yudo © The Artbox BV, Amsterdam
Illustration: Karl Ecke, München
Layout: Hans Limo Lechner, Pastetten
Satz: DPS Ges. für Publikations-Service mbH, Erding
Druck: Mediengruppe UNIVERSAL
Grafische Betriebe Manz und Mühlthaler, München
Printed in Germany

ISBN 3-7863-0684-2

Inhaltsverzeichnis

Vorwort 4

Kapitel 1: Bildergeschichte
Franz, der Angeber 6

Kapitel 2: Bildergeschichte
Hansi, das Ungeheuer 18

Kapitel 3: Nacherzählungen
Der Fuchs und der Ziegenbock 36
Der Fuchs und die Katze 42

Kapitel 4: Erlebniserzählung
Als ich einmal Angst hatte 50

Kapitel 5: Reizwortgeschichten
Ball – Scherben – Arzt 68
Auto – Urlaub – Polizei 70

Kapitel 6: Ausgestaltung eines Erzählkerns
Spielen in der Kiesgrube 76
Fortsetzung einer Erzählung
Ein kluger Hund 84

Kapitel 7: Tierbeschreibungen
Der Bernhardiner 90
Das Eichhörnchen 103

Kapitel 8: Berichte
Ein Fahrradunfall 110
Ein Autounfall 118

Kapitel 9: Übungsaufgaben zu den Kapiteln 1 – 8
Aufgaben für den Übertritt an weiterführende Schulen 123

Lösungsheft
Lösungen zu allen Kapiteln mit Beurteilungskriterien zu den verschiedenen Aufsatzarten

Vorwort

Mit kleinen Schritten zum Erfolg

Schüler lernen mit diesem Aufsatzbuch für das 4. Schuljahr, wie man
- einen Aufsatz richtig schreibt,
- seine Kenntnisse im Aufsatzschreiben verbessern kann,
- künftig keine Angst mehr vor einem Aufsatz zu haben braucht.

Jedes Kapitel ist in einzelne, überschaubare und leicht nachvollziehbare Lernschritte untergliedert. Schüler erarbeiten sich hier an einfachen Textbeispielen, motivierenden Zeichnungen und übersichtlichen Schaubildern die Merkmale jeder Aufsatzform. Schritt für Schritt kommt der Schüler beim Durcharbeiten zu eigenen Ergebnissen, die er mit den Beispielen im Lösungsheft vergleichen kann.

... und so arbeitet man erfolgreich mit dem Buch

Jedes Kapitel beginnt mit einfachen Aufgaben. Die zugehörigen Arbeitsaufträge sind leicht verständlich, auch wenn sie im Schwierigkeitsgrad langsam steigen.

Die Ergebnisse sollen entweder auf einem großen Block – am besten mit der Größe DIN A 4 – oder direkt ins Buch eingetragen werden.
Soll auf einem Block gearbeitet werden, so wird dies mit dem Symbol Block verdeutlicht.

Erfolgt der Eintrag ins Buch, ist zum einen genügend Platz für den Eintrag vorgegeben, zum anderen weist das Symbol Stift darauf hin.

Auf dem Symbol Lösungsheft ist dann die Seite im Lösungsheft mit der Nummer der Lösung angegeben.

Anhand weiterer Übungsbeispiele lernt der Schüler gezielt Merkmale der jeweiligen Aufsatzform kennen. Diese werden danach in Merkkästen übersichtlich zusammengefasst. Darauf weist das Bild des Elefanten Bimbo hin.

Eine echte Lernhilfe für alle Schüler

Dieses Buch hilft beim Erlernen verschiedener Aufsatzformen. Jeder, der seine Leistungen verbessern will, kann sich eigenständig und ohne fremde Hilfe die Kenntnisse erarbeiten. Das letzte Kapitel *Übungsaufgaben* bietet einerseits eine Kontrolle für das Gelernte, andererseits einen Hinweis auf die Anforderungen in weiterführenden Schulen. In manchen Bundesländern gibt es eine Aufnahmeprüfung für den Übertritt auf weiterführende Schulen. Diese Übungsaufgaben entsprechen dem Niveau dieser Aufnahmeprüfungen.

Wir wünschen allen viel Freude und Erfolg bei der Arbeit mit diesem Buch.

Die Verfasser

Kapitel 1

Bildergeschichte

Franz, der Angeber

Lernziele

- Beschreiben und Erzählen einer Bilderfolge
- Wiedergeben von Inhalt und Sinn einer Geschichte
- Erarbeiten von Gestaltungsmerkmalen wie z. B. Erzählschritte, Höhepunkt, lebendige Darstellung, Verwenden der wörtlichen Rede
- Gebrauch von ausdrucksstarken Wörtern
- Darstellen von Gefühlen und Empfindungen bei Personen

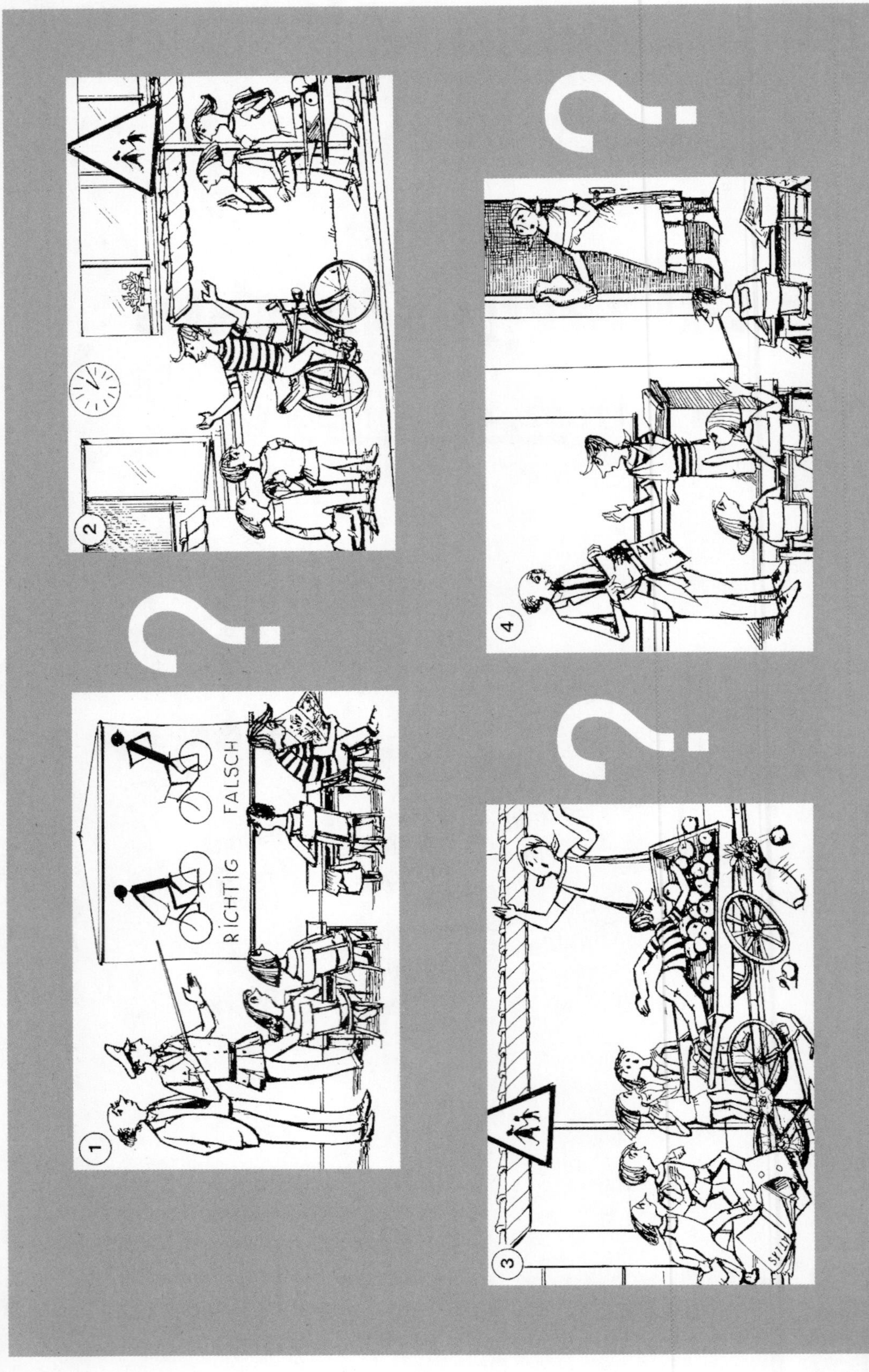
RICHTIG
FALSCH
ATLAS

Bildergeschichte
Franz, der Angeber

Freue dich auf das Aufsatzschreiben

Du hast jetzt dieses Übungsbuch für das Fach Deutsch aufgeschlagen, um zu lernen, **wie man einen Aufsatz richtig schreibt**. Freue dich darauf, auch wenn du kein guter „Aufsatzschreiber" sein solltest. Zunächst lernst du Bildergeschichten kennen, die leicht zu bearbeiten sind. Die Bilder zeigen meist ein lustiges Erlebnis oder ein spannendes Ereignis. Du brauchst also nicht ängstlich und zögerlich zu sein, weil du vielleicht befürchtest: „Das kann ich nicht!" Dir wird schrittweise erklärt, wie man die Bildergeschichte – so nennt man diese Aufsatzform – schreiben soll. Du benötigst dazu einen Bleistift und einen Block (DIN A4-Format), damit du deine Übungen aufschreiben kannst. Sehr oft kannst du deine Arbeitsergebnisse sofort ins Buch eintragen.

Was ist eine Bildergeschichte?

Wir sprechen von einer Bildergeschichte, wenn eine Erzählung in Form von aufeinander folgenden Bildern zeichnerisch dargestellt ist. Der Inhalt der Geschichte wird durch die Bilder **ausschnittsweise** vorgegeben. Du kannst also diese gezeichnete Erzählung leicht in Worten darstellen, sie „nacherzählen".

Wie schreibt man eine Bildergeschichte?

Den Inhalt der Geschichte kennen lernen **1. Schritt**

Betrachte in Ruhe die Bildergeschichte auf Seite 6. Auf diese Weise lernst du den Inhalt der Geschichte kennen. Lies nun das Musterbeispiel zum Inhalt von Bild 1 durch. Als Zeitform wird die Gegenwart verwendet.

Inhalt von Bild 1 (Musterbeispiel)
Im Klassenzimmer einer Schule erklärt ein Verkehrspolizist mit dem Zeigestock an einem Plakatbild, wie man richtig mit dem Fahrrad fahren soll. Die Kinder und der Lehrer hören aufmerksam zu. Nur Franz passt nicht auf. Verstohlen liest er in einem Mickymaus-Heftchen.

Betrachte genau das Plakatbild.
Denke kurz darüber nach, was der Polizist den Kindern wohl noch erklären wird, warum es gefährlich ist, freihändig auf dem Rad zu fahren. …

Verfahre nun wie im Musterbeispiel dargelegt. Schreibe in kurzen Sätzen auf deinen Block, was auf den Bildern 2, 3 und 4 zu erkennen ist.

Inhalt von Bild 2: . . . .
Inhalt von Bild 3: . . . .
Inhalt von Bild 4: . . . .

Seite: 2 Nr.: 1

In einem ersten Schritt hast du gelernt, die Bilder der Geschichte in Ruhe zu betrachten, den Inhalt der Bilder gedanklich zu erfassen und schriftlich in kurzen Sätzen festzuhalten. Ähnlich wie ein **Elefant**, der sich das einmal gelernte Kunststück **jahrelang** merken kann, sollst du dir diesen ersten Schritt gut einprägen, damit du eine Bildergeschichte richtig schreiben lernst.

Elefant „Bimbo"

Bimbo merkt sich:
Lerne den Inhalt der Geschichte kennen!

- **Betrachte** die Bilder in Ruhe!
- Sie geben den **Inhalt** der Erzählung in **Ausschnitten** wieder.
- Erzähle mündlich und schreibe in **kurzen Sätzen** auf, was auf den einzelnen Bildern zu sehen ist!

2. Schritt Den Sinn der Geschichte erfassen

Du hast bisher den **Inhalt** der Erzählung in groben Zügen erkannt. Somit weißt du Bescheid über das „**vordergründige**" Geschehen. Es ist auf den vier Bildern dargestellt. Das aber genügt nicht. Du musst noch den Gesamtzusammenhang erkennen und den Sinn der Geschichte, das „**hintergründige**" Geschehen herausfinden.

Beantworte deshalb folgenden Fragenbereich.

- Was will dir der Zeichner mit diesen vier Bildern sagen?
- Erkennst du die Absicht des Zeichners?
- Was ist für dich die Lehre aus dieser Geschichte?

Seite: 2 Nr.: 2

Man kann den Sinn der Bildergeschichte – wie du ihn eben erkannt hast – im **Schluss der Erzählung** in wenigen Sätzen darstellen. Wenn du die Geschichte sinngemäß richtig wiedergeben willst, sollst du schon bei der Beschreibung eines jeden Bildes die **sinntragenden Sätze** einbauen. Sie sind für den Fortgang der Handlung von großer Bedeutung.
Wie das geht, lernst du an einem Beispiel. Betrachte noch einmal der Reihe nach die einzelnen Bilder auf Seite 6.

Bild 1: Sinnerschließende Frage
Was macht Franz, während der Polizist die Verkehrsregeln an der Tafel erklärt?
Sinntragende Sätze:
Franz passt nicht auf. Er liest verstohlen in einem Bildheftchen. Vielleicht denkt er: „Das interessiert mich nicht!"

Finde selbst die sinntragenden Sätze zu den Bildern 2, 3 und 4 und schreibe sie auf deinen Block. Die folgenden Fragen helfen dir dabei, die richtigen Antworten zu finden.

Bild 2:
Was will Franz wohl mit dem Freihändigfahren bezwecken? …
Woran denkt er wahrscheinlich nicht? …

Bild 3:
Warum ist Franz gestürzt? Wieso ist die Marktfrau so entsetzt? …

Bild 4:
Weswegen wird Franz vom Lehrer getadelt? …
Wieso hält die Marktfrau die beschädigte Vase in der Hand? …

Den **Sinn** der Geschichte kannst du auch im **Thema des Aufsatzes** zum Ausdruck bringen.

Wähle unter den folgenden Beispielen eine geeignete Überschrift aus. Kreuze sie an.

- ❍ Der Junge, der in der Schule nicht aufpasst
- ❍ Wer nicht hören will, muss fühlen
- ❍ Franz weiß alles besser
- ❍ Franz, der Angeber

Finde selbst eine Überschrift.

Nun kannst du dir die nächsten drei Merksätze gut einprägen und in deinem Gedächtnis speichern. Auch Bimbo, der Elefant, zeigt dir ein neues Kunststück, das er gelernt hat.

Bimbo merkt sich:
Finde den Sinn der Geschichte heraus!

- Schreibe in den **Schluss** der Geschichte einige Sätze zum Sinn der Erzählung auf!
- **Sinntragende** Sätze sollst du zu jedem einzelnen Bild aufschreiben! Sie sind für den Fortgang der Handlung wichtig.
- Finde eine passende **Überschrift**, die auch den Sinn der Erzählung widerspiegelt!

3. Schritt Die Übergänge zu den Bildern erzählen

Betrachte aufmerksam die Bildergeschichte auf Seite 6.
Dir fallen dabei bestimmt die **drei Fragezeichen** auf. Du kannst dir sicher denken, welche Bedeutung diese Fragezeichen haben.

Schreibe deine Vermutungen dazu auf und decke dabei die nächsten Zeilen im Buch mit einem Blatt Papier ab, damit die Lösung nicht verraten wird.

Beachte diese Hinweise:

Die **Bildergeschichte** ist eine eigene Aufsatzform, die mit der Nacherzählung und der Fantasieerzählung verwandt ist.
Mit der **Nacherzählung** hat sie gemeinsam, dass die Geschichte zum Teil vorgegeben ist, zwar nicht in Textform, wohl aber als Folge von Bildern. Ihren Inhalt kann man gewissermaßen „nacherzählen".
Mit der **Fantasieerzählung** hat sie gemeinsam, dass der Zeichner durch die Fragezeichen auf das aufmerksam machen will, was du frei erfinden sollst.
Die **Übergänge (?)** zwischen den Bildern und der **Schluss** der Geschichte **(?)** sollen also frei erzählt und fantasievoll gestaltet werden. Dabei muss der Zusammenhang der Geschichte aber erhalten bleiben. Somit haben die Teile der Bildergeschichte, die ergänzt werden müssen, Ähnlichkeiten mit einer Fantasieerzählung.

Lerne nun, wie man die Bildübergänge erzählt.

Übergang von Bild 1 zu Bild 2 : ?

Betrachte die beiden Bilder und das Fragezeichen.

> Überlege und schreibe auf, was sich **zwischen** den beiden Bildern ereignet haben könnte. Was hat der Zeichner nicht dargestellt?

Bedenke, dass der Polizist in der ersten Vormittagsstunde den Verkehrsunterricht hält. Erst nach 13 Uhr verlässt Franz das Klassenzimmer und holt sein Rad aus dem Fahrradkeller.

Verwende bei dieser Bildergeschichte als Zeitform die Gegenwart.

Gegenwart:	**Vergangenheit:**
Franz geht in den Keller	Franz ging in den Keller

Seite: Nr. 25

Übergang von Bild 2 zu Bild 3:
Zwischen beiden Bildern steht **kein** Fragezeichen. Hier ist der Übergang fließend. Franz fährt freihändig, schaut gerade zur Seite und erblickt das Hindernis nicht. Unmittelbar danach stürzt Franz vom Rad. Dieser Übergang muss deshalb nicht eigens als Erzählschritt ausführlich dargestellt werden.

> Schreibe kurz auf, was deiner Meinung nach die Ursache für den Sturz von Franz war.

Als Überleitung von Bild 2 zu Bild 3 genügt folgende Formulierung:
Franz erkennt zu spät das Hindernis. Er verliert das Gleichgewicht und fährt in den Handkarren der Marktfrau.

Übergang von Bild 3 zu Bild 4 : ?

Betrachte nun Bild 3 und Bild 4.

Erzähle frei, aber zu den Bildern passend, was sich zwischen dem Unfall von Franz nach Unterrichtsschluss und der ersten Unterrichtsstunde am nächsten Tag ereignet haben könnte.

Schreibe also auf, was der Zeichner nicht dargestellt hat.

Schluss der Geschichte ?

Wie die Geschichte zu Ende geht, darfst du dir **selbst ausdenken**. Einige Lösungsmöglichkeiten werden dir stichpunktartig genannt, sollen dich aber nicht davon abhalten, eine eigene Lösung zu finden.

- Franz entschuldigt sich, will den Schaden begleichen.
- Franz zeigt Einsicht, verspricht Besserung.

Schreibe deine Lösung auf.

Bimbo merkt sich:
Erzähle auch das, was zwischen den Bildern geschieht, aber in der Bilderfolge nicht sichtbar ist.

- Gestalte die Bildübergänge **frei**, aber passend zu den Bildern!
- Erfinde einen **geeigneten** Schluss!

Die Bildergeschichte anschaulich und lebendig erzählen

4. Schritt

Eine gezeichnete Erzählung muss **passend, interessant** und **unterhaltend** dargestellt werden. Um dies zu erreichen, sollst du einige stilistische Regeln und geeignete **Sprachmittel** kennen lernen.

Die wörtliche Rede gebrauchen

Teilschritt 1

Vergleiche beide Aufsatzentwürfe zum **1. Bild**.

Entwurf 1:
Im Klassenzimmer einer Schule hält ein Polizist Verkehrsunterricht. An einem Plakatbild erklärt er, wie man richtig mit dem Fahrrad fährt. An seiner Seite steht der Lehrer. Die Kinder hören dem Polizisten aufmerksam zu. Nur der kleine Franz passt nicht auf. Er liest heimlich in einem Heftchen.

Inhalt von Bild 1

Entwurf 2:
In der Klasse 4a beginnt in wenigen Minuten der Unterricht. Lehrer Hampel blickt noch einmal streng die Kinder an und ermahnt sie: „Heute kommt Schutzmann Aumann zu uns. Seid ruhig und aufmerksam! Merkt euch gut, was er sagt!“ Pünktlich mit dem Gongschlag erscheint der Polizist und hängt nach der Begrüßung ein buntes Plakatbild an die Tafel. Mit dem Zeigestock weist er auf eine Zeichnung hin und meint: „So müsst ihr Kinder richtig auf dem Fahrrad sitzen. Fahrt bitte nie freihändig! Das ist zu gefährlich.“ Alle Kinder staunen. Nur Franz beachtet den Schutzmann nicht. Verstohlen liest er in seinem Mickymaus-Heftchen und denkt sich: „Das kümmert mich nicht. Ich kann schon freihändig fahren.“

Inhalt von Bild 1

Warum gefällt dir der 2. Aufsatzentwurf besser? Schreibe möglichst viele Gründe auf.

Betrachte nun das **2. Bild** auf Seite 6.

Erzähle mündlich und möglichst spannend, was du auf dem Bild siehst. Gib den handelnden Personen **Namen** und baue gelegentlich die **wörtliche Rede** ein.

Hier einige Beispiele:
Ein Schulkind ruft: „Pass lieber auf, Franz!“
„Tini, schau mal, wie gut ich fahren kann!“, gibt Franz an.
Evi warnt besorgt: „Franz, hör doch auf, freihändig zu fahren.“

Schreibe nun den **Erzählschritt zu Bild 2** auf deinen Block.
Achte zusätzlich auf den **Gesichtsausdruck** der Personen.

Verwende passende Eigenschafts- und Zeitwörter aus der Tabelle.

Franz	Schulkinder auf dem Gehsteig	
hochnäsig	gespannt	wundern sich
übermütig	abwartend	warnen
angeben	misstrauisch	entsetzt
prahlen	staunen	sorgenvoll

Seite Nr.: 38

Unsere Geschichte strebt nun langsam dem **Höhepunkt** zu **(Bild 3)**. Franz stürzt vom Rad. Der Unfall stellt das wichtigste Ereignis dar. Diesen Gestaltungsgipfel sollst du besonders spannend erzählen. Eine Möglichkeit, Spannung zu erzeugen, ist das sprachliche Mittel, **Ausrufewörter** in die Sätze einzustreuen. Hier findest du einige Beispiele:
Oh ! Ui! O weh! O Schreck! Oha! O je! Ätsch! Aua! Hilfe! Hoppla! He da! Hihihi! Hahaha! Zum Donnerwetter!
Betrachte das **Bild 3** und bilde mit Hilfe der Ausrufewörter viele Ausrufesätze. Sprich sie halblaut aus.

Beispiele:
O je, meine schöne Vase!
Aua, mein Arm tut weh!
Hihihi, das geschieht dir recht!

… (Fahre fort!)

Teilschritt 2 Passende Eigenschaftswörter gebrauchen

Sieh dir zum Abschluss das **4. Bild** noch einmal genau an. Eine Erzählung wirkt **lebendiger**, wenn du auch die **Gefühle** der abgebildeten Personen schilderst.

Beantworte die folgenden Fragen auf deinem Block.

1. Wie fühlt sich Franz, als er vor dem Lehrer steht?
2. Warum wohl ist die Marktfrau so aufgebracht?
3. Worüber denkt der Lehrer in dieser Situation nach?
4. Was empfinden die übrigen Schulkinder in der Klasse?

Seite Nr.: 39

Präge dir die Sprachmittel gut ein.

Bimbo merkt sich:
Erzähle die Geschichte lebendig!

- Gebrauche die **wörtliche Rede** gezielt!
- Verwende treffende **Eigenschaftswörter** und Zeitwörter!
- Arbeite den **Höhepunkt** der Geschichte aus!
- Gehe auf die **Gefühle** der Personen ein!

Schlage nun die **Seite 6** deines Buches auf. Betrachte die Bilder.

Schreibe deinen Aufsatz zu dieser Bilderfolge ohne fremde Hilfe. Du kannst die Geschichte in der Gegenwart oder in der Vergangenheit schreiben. Die übliche Zeitform der Erzählung ist die **Vergangenheit**.

Fühlst du dich noch unsicher beim Aufsatzschreiben, darfst du den folgenden Musteraufsatz erst einmal durchlesen, sonst nicht.

Musteraufsatz

Franz, der Angeber

Thema

I. Einleitung

wörtliche Rede

In der Schule Zankenhausen beginnt in wenigen Minuten der Unterricht. Lehrer Hampel weist die Kinder nochmal darauf hin, dass heute ein Verkehrsschutzmann kommt: „Seid bitte ruhig und passt gut auf!“

II. Hauptteil

1. Bild

Inhalt

Sinn

Pünktlich mit dem Gongschlag betritt Polizist Aumann das Klassenzimmer, begrüßt die Kinder und hängt ein Plakatschild zur Verkehrserziehung an die Tafel. Mit ernstem Blick mahnt er die Schulkinder: „So müsst ihr mit dem Fahrrad fahren! Freihändig fahren ist sehr gefährlich!“ Alle Kinder hören interessiert zu, nur Franz passt nicht auf. Heimlich liest er in einem Comic-Heftchen. Missmutig murmelt er vor sich hin: „Es ist doch viel aufregender, freihändig zu fahren.“

Übergang 1/2

Nach der Schule geht Franz in den Keller, um sein Fahrrad zu holen.

2. Bild
wörtliche Rede
Zeitwörter

Auf der Straße will er seiner Freundin Tini zeigen, wie geschickt er Rad fahren kann und ruft stolz: „Tini, schau mal, wie gut ich Rad fahren kann!“ Ein vorbeigehendes Schulkind schimpft: „O dieser Angeber!“ Plötzlich schreit Tini entsetzt: „Franz, pass auf, wo du hinfährst!“

Übergang 2/3

Da ist es schon passiert. Franz sieht den Handkarren zu spät und stürzt mit dem Kopf voraus über das Hindernis.

3. Bild
Inhalt
Ausrufewort
Höhepunkt
Sinn

Klirrend fällt eine Vase mit Blumen zu Boden. Das Rad liegt zerbeult auf der Straße. Die Hefte sind aus dem Schulranzen gefallen und liegen in einer Pfütze. Marktfrau Blümelhuber zetert: „O weh, meine schöne Vase ist kaputt!“ Franz hat zum Glück nur eine Schramme am Knie und den Arm verstaucht. „Das geschieht dir recht, du Naseweis!“ , wettert ein Schuljunge am Straßenrand.

Übergang 3/4

Franz verdrückt sich sehr rasch mit dem Rad. Doch Frau Blümelhuber hat ihn erkannt.

4. Bild
Lösung der Spannung

Am nächsten Schultag fragt der Herr Lehrer den Franz: „Warum sind deine Hefte so verschmutzt?“ Gerade denkt Franz sich eine Ausrede aus. Da klopft es an der Tür. Frau Blümelhuber steht im Türrahmen mit einer beschädigten Vase in der Hand und will den Lehrer unter vier Augen sprechen.

III. Schluss

Sinn der Geschichte

Nach einiger Zeit kommen beide aus dem Nebenraum wieder in das Klassenzimmer. Der Lehrer erklärt den Kindern den Unfall und ermahnt Franz streng: „Hoffentlich wird dir dieser Sturz eine Lehre sein. Fahre nie wieder freihändig! Frau Blümelhuber will dir vergeben, wenn du ihr an drei Tagen hilfst, ihren Obststand aufzuräumen.“

Gefühl

Franz ist etwas überrascht und dennoch erleichtert. Mit so einer milden Strafe hat er nicht gerechnet.

Kapitel 2

Bildergeschichte

Hansi, das Ungeheuer

Lernziele

- Den Sinn der Geschichte herausfinden
- Erzählschritte festlegen und den Inhalt der Bilder erzählen
  Fehlendes erfassen: Einleitung – Übergänge – Schluss
- Sprachliche Gestaltungsmittel erarbeiten:
  wörtliche Rede – Höhepunkt – treffende Eigenschafts- und Zeitwörter – Wortschatzerweiterung
- Verschiedene Blickwinkel (Erzählperspektiven) der Erzähler erkennen

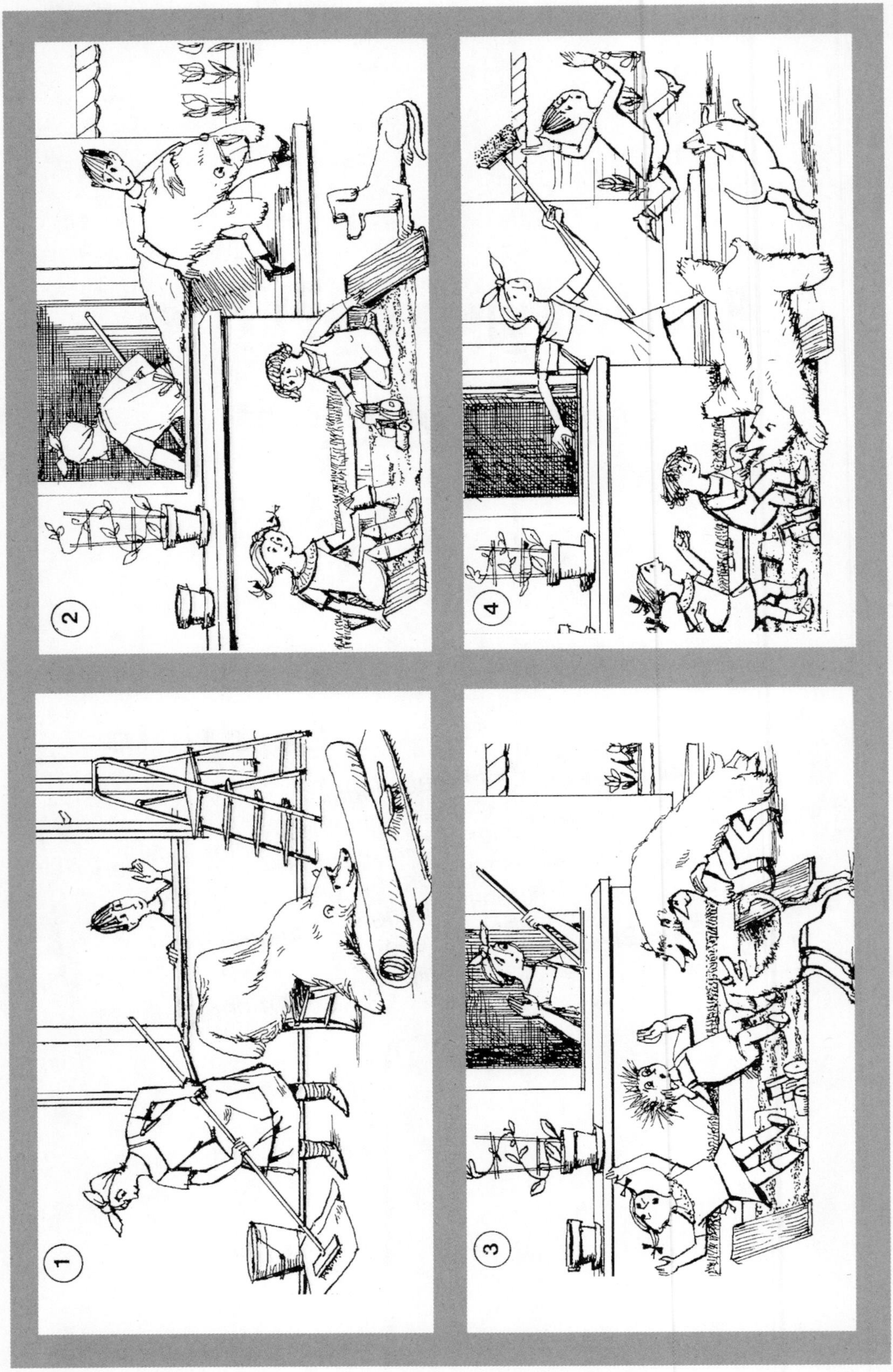
1
2
3
4

Bildergeschichte
Hansi, das Ungeheuer

Nun wird eine weitere Bilderfolge vorgestellt. Sie handelt von dem jungen Hansi, der zu gerne andere Kinder erschreckt. Deine bereits erworbenen Kenntnisse für das Schreiben einer Bildergeschichte sollst du natürlich hier wieder anwenden. Lies deshalb die Sätze in den Merkblöcken zum letzten Aufsatz noch einmal durch. Weitere wichtige **Merkmale der Bildergeschichte** erfährst du nun in diesem Kapitel. Freue dich auf den nächsten Aufsatz. Du schreibst ihn sicher gerne, denn die Geschichte ist spannend und aufregend. Außerdem nimmt sie einen unerwarteten Ausgang.

Den Sinn der Geschichte erkennen **1. Schritt**

Betrachte die Bildergeschichte auf **Seite 18** aufmerksam. Schaue jedes einzelne Bild genau an. Versuche, den Ablauf der gesamten Handlung bis hin zum Schluss zu verstehen.

Hast du den **Sinn** der Geschichte erkannt? Schreibe ihn kurz auf deinen Block.

Seite: 3 Nr.: 1

Notiere nun zu den einzelnen Bildern wichtige **sinntragende Sätze**, also Sätze, die für den **Fortgang der Geschichte** von Bedeutung sind.

Die in Klammern gesetzten Fragen helfen dir dabei, die richtigen Antworten zum **Sinn der Geschichte** zu finden. Zu den ersten beiden Bildern sind Beispiele für sinntragende Sätze bereits angegeben.

Bild 1: Hansi schaute nachdenklich durchs Fenster. Ein hinterhältiger Plan entstand in seinen Gedanken.
Bild 2: Seine Idee setzte er in die Tat um. Heimlich stahl er das schöne Bärenfell.
Bild 3: (Was bezweckte Hansi mit seiner Verkleidung?) …
Bild 4: (Womit hatte Hansi nicht gerechnet?) …
Schluss: (Erkennst du die Lehre der Geschichte?) …

Sicher fällt es dir jetzt nicht mehr schwer, eine passende Überschrift für die Bildergeschichte zu finden.

Überschrift: ______________________

Lies die folgenden Merksätze aufmerksam durch.

Bimbo merkt sich:
Finde den Sinn der Geschichte heraus!
- Notiere zu den einzelnen Bildern die **sinntragenden** Sätze!
- Erkenne die **Lehre** der Geschichte!
- Finde eine passende **Überschrift**!

2. Schritt Den genauen Inhalt der Geschichte kennen lernen

Du sollst nun lernen, wie man die Bildergeschichte ausführlich erzählt.

Notiere auf deinem Block, was du auf jedem Bild siehst. Auch Einzelheiten sind manchmal wichtig.

Eine Bildergeschichte wird in der Regel in der Zeitform der **Vergangenheit** geschrieben.

Stelle dir vor: Es geschah einmal ...
Als Musterbeispiel soll dir der Lösungsvorschlag zu Bild 1 dienen.

Bild 1: Heimlich blickte Hansi durch das Fenster in das Wohnzimmer. Frau Reinlich (oder Mutter) schrubbte gerade den Fußboden. Ein Bärenfell hing über dem Stuhl. Neben der Leiter lag ein aufgerollter Teppich. Da hatte Hansi eine Idee:
Bild 2: (Fahre fort!) …
Bild 3: …
Bild 4: …

Du hast eben **vier wichtige Erzählschritte** zu den einzelnen Bildern festgelegt.

Damit ist aber die Geschichte noch nicht vollständig erzählt. In der Bildergeschichte von Hansi, dem Ungeheuer, hat der Zeichner nämlich nur vier Bilder als vorgegebene Erzählschritte dargestellt.

Es fehlen aber noch: die **Einleitung**, die **Übergänge zu den Bildern** und der **Schluss**. Diese Abschnitte dürfen von dir zwar frei gestaltet werden, müssen aber sachlich zu den vier Bildern passen und in kurzer und ergänzender Form erzählt werden. Der Inhalt zu jedem einzelnen Bild soll dagegen ausführlich dargestellt werden.

Auf der nächsten Seite findest du die **vollständige Gliederung** dieser Bildergeschichte.

Erweitere jetzt deinen Aufsatz. Schreibe auf deinen Block einige Sätze zu den **fehlenden** Gliederungspunkten:

Einleitung – Übergänge – Schluss

Die in Klammern angegebenen Hinweise und Beispiele helfen dir bei der Lösung der gestellten Aufgabe. Betrachte dabei von Fall zu Fall noch einmal die Bildergeschichte auf Seite 18.

Gliederung

I. Einleitung: (Geschehen **vor** dem 1. Bild)
(Die Einleitung soll zum Bildgeschehen hinführen. Deshalb stellst du kurz dar, was sich vor dem 1. Bild ereignet haben könnte. Hansi plagte die Langeweile. ... Schon am frühen Samstagmorgen schlich er zum alten Haus der Frau Reinlich. ... Hinter dem Haus seiner Mutter hatte Hansi schon manchen Streich ausgeheckt.)

II. Hauptteil:
1. Inhalt von Bild 1:
2. Übergang von Bild 1 zu Bild 2:
3. Inhalt von Bild 2:
4. Übergang von Bild 2 zu Bild 3:
5. Inhalt von Bild 3:
6. Übergang von Bild 3 zu Bild 4:
7. Inhalt von Bild 4:

III. Schluss: (Mögliches Geschehen **nach** dem 4. Bild)
(Denke dir nach dem letzten Bild einen geeigneten Schluss aus. Was wird Frau Reinlich unternehmen? ... Die Putzfrau könnte auch die Mutter von Hansi sein. In diesem Fall sind die Kinder im Sandkasten seine Geschwister. ...)

Bimbo merkt sich:
Erzähle den genauen Inhalt der Geschichte!
- Beschreibe **ausführlich** die Bilder!
- Erweitere deinen Aufsatz durch **Einleitung**, **Übergänge** zu den Bildern und **Schluss**!
- Die Abschnitte, die der Zeichner **nicht** dargestellt hat, sollst du **frei**, aber knapp erzählen!

3. Schritt Die Bildergeschichte lebendig gestalten

Eine Bildergeschichte soll nicht langweilig beschrieben, sondern lebendig und unterhaltsam erzählt werden. Um dies zu erreichen, wirst du jetzt einige Sprachmittel kennen lernen.

Teilschritt 1 Wörtliche Rede verwenden

„Höre“ einmal in das **Bild 2** hinein! An der Sprechblase erkennst du, dass jemand spricht. Worüber werden sich die Kinder wohl unterhalten? Was denkt Hansi gerade? Was überlegt sich die Mutter?

Wenn Personen sprechen, bezeichnen wir das Gesprochene als **wörtliche Rede**. Diese wird durch **Anführungszeichen** näher gekennzeichnet.

Bei der wörtlichen Rede gibt es drei Grundformen:

1. Der **Begleitsatz** steht **vor** der wörtlichen Rede, die durch einen Doppelpunkt angekündigt wird. *Beispiele:*
   Evi meinte zufrieden: „Endlich eine schöne Sandkuchenform!“
   Rudi antwortete: „Du kannst wirklich gut Kuchen backen, Evi!“
2. Der **Begleitsatz** kann der wörtlichen Rede **nachgestellt** werden. *Beispiel:* „Hoffentlich sehen mich die Kinder nicht!“, **dachte sich Hansi**.
3. Der **Begleitsatz** steht zwischen zwei wörtlichen Reden. *Beispiel:* „Jetzt muss ich noch den Tisch polieren“, **sprach Mutter leise**, „zum Schluss wird der Teppich gesaugt.“

Lies die drei Grundformen der wörtlichen Rede nochmal durch. Achte diesmal auf die **Zeitformen**. Was kannst du feststellen?

Ergänze den Lückentext mit den richtigen Begriffen.

Schreibt man die Bildergeschichte in der Vergangenheit, dann setzt man den Begleitsatz auch in die ____________________, eine wörtliche Rede schreibt man stets in der ____________________.

Seite: 4
Nr.: 3

Nun sollst du den **Inhalt zum 2. Bild** selbst gestalten. Betrachte Bild 2 und lies den nebenstehenden Text durch.

Mutter kehrte Hansi gerade den Rücken zu. Schnell entwendete der Junge das Bärenfell. Zur gleichen Zeit spielten im Sandkasten des Hofes zwei Kinder. Hund Struppi saß artig am Spielfeldrand und schaute den spielenden Kindern zu. Hansi konnte unbemerkt mit dem Bärenfell unter dem Arm entkommen.

Schreibe jetzt den **Text** zu **Bild 2** völlig neu. Baue die **wörtliche Rede** ein und verwende abwechselnd die drei Grundformen.

Lasse also alle Personen im Bild sprechen:
- Worüber dachte Mutter gerade nach?
- Welches Gespräch führten Evi und Rudi im Sandkasten?
- Was ging im Kopf von Hansi vor?

Seite: 4
Nr.: 4

Den Höhepunkt der Geschichte gestalten **Teilschritt 2**

Sieh dir das Schaubild auf der nächsten Seite an.

Finde für den Höhepunkt eine Überschrift:

Überschrift: ______________________________

Erklärung zum Schaubild auf Seite 24:
In der Bildergeschichte wird eine Spannung auf- und abgebaut. Nach der Einleitung **steigert sich** allmählich die Spannung in den ersten beiden Bildern. Hansi stahl das Bärenfell und verkleidete sich schließlich als Bär.

Den **Höhepunkt** stellt das 3. Bild dar: Die Kinder wurden durch den Bären erschreckt.

Im 4. Bild **löst sich** rasch die Spannung. Befreit lachten die Kinder den Hansi aus, der entsetzt flüchtete.

Ein Schlussgedanke **rundet** die Geschichte **ab**.

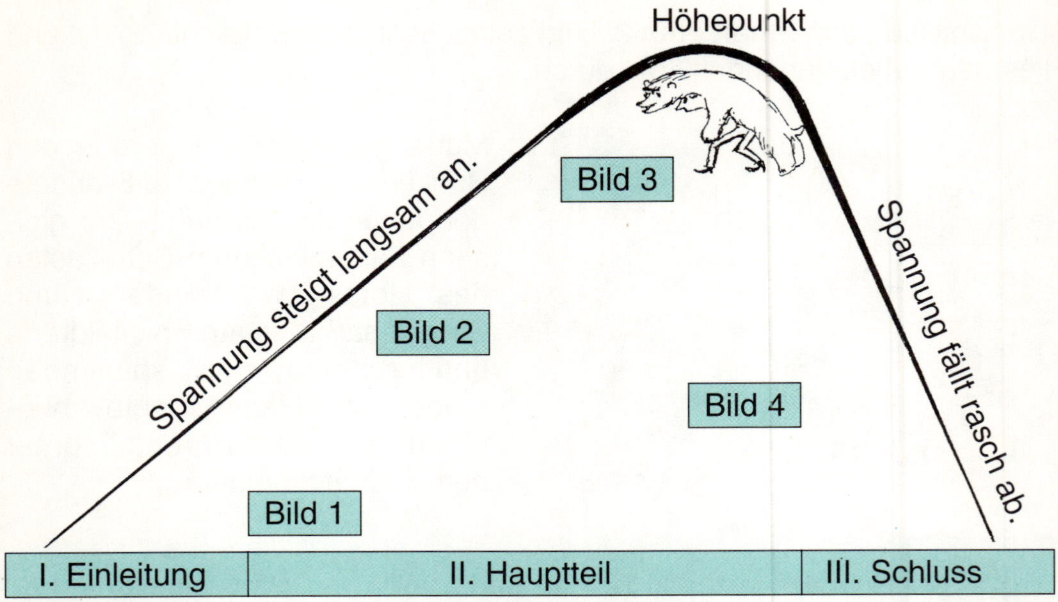

Der **Höhepunkt** soll besonders lebendig und spannend erzählt werden. Dies erreichst du durch das Verwenden von **ausdrucksstarken** Wörtern und der **wörtlichen Rede**.
Betrachte den **Gesichtsausdruck der Personen in Bild 3**. Wie fühlen sie sich? Was drückt ihre Körperhaltung aus?

Setze die unten angegebenen Wörter sinnvoll in den Lückentext ein.

Der ____________ Bär brummte und ____________ die verängstigten Kinder an. ____________ hoben sie ihre Arme in Abwehrstellung. Rudi standen die __________ _____ __________ vor lauter ____________ und er rief angsterfüllt: „ ____________ , ____________ , ein Untier, ein Bär!“ Evi ____________ die Knie vor Angst. Sie ____________ am ganzen Körper und schrie aufgeregt: „ _____ __________ , der Bär will uns fressen!“ Frau Reinlich hörte die Hilferufe der Kinder, schaute ____________ aus dem Fenster und dachte sich: „ ______________ , was ist denn da los?“

Wörterliste:

Haare zu Berge – fauchen – wütend – Entsetzt – Schrecken – zittern – Hilfe, Hilfe – schlottern – O weh – erstaunt – Na so was

Lies bitte diese Merksätze aufmerksam durch.

Bimbo merkt sich:
Gestalte die Bilderfolge lebendig!
- Verwende die **wörtliche Rede**!
- Gestalte den **Höhepunkt** der Geschichte ausführlich und spannend!
- Gebrauche **ausdrucksstarke** Wörter!

Den Wortschatz erweitern **4. Schritt**

Wenn dein Aufsatz gelingen soll, musst du dich sprachlich gut ausdrücken können. Dazu gehört auch ein reicher Grundwortschatz. Was damit gemeint ist, wirst du am Beispiel des **4. Bildes** lernen.
Lies das folgende **Zwiegespräch**. Was fällt dir dabei auf?

Evi deutete auf den davonlaufenden Hansi und sagte: „Hihihi, das geschieht dir recht!"

„Das ist ja nur ein Bärenfell", sagte der verdutzte Rudi.

„So eine Unverschämtheit!", sagte Mutter, „verschwinde bloß, du Lümmel, sonst gibt es Schläge!"

Manche Schüler verwenden bei der wörtlichen Rede immer das gleiche Wort, z. B. „sagen". Dieses Allerweltswort „sagen" kann man durch ein anderes Wort ersetzen.

Hier findest du eine Auswahl aus dem **Wortfeld „sagen"**.

fragen – antworten – erwähnen – meinen – bitten – erwidern – schimpfen – entgegnen – schreien – brüllen – flüstern – toben – krächzen – jubeln – frohlocken – sprechen – stottern – kreischen

Schreibe das obige **Zwiegespräch** zu **Bild 4** neu. Ersetze das Wort „sagen" jeweils durch einen treffenderen Ausdruck aus dem Wortfeld „sagen". Das ausgewählte Zeitwort muss aber zum Sinn des entsprechenden Satzes passen.

In **Bild 4** ist viel Bewegung zu erkennen. Lies die folgenden Sätze.

Mutter kam aus dem Haus gelaufen. Hansi lief davon, so schnell er konnte. Wütend lief Struppi dem Hansi hinterher.

Es ist unschwer zu erkennen, dass das Wort „laufen“ oft vorkommt. Der Lehrer schreibt in diesem Fall zu jedem Wort „laufen“ den Buchstaben **„W“** für **Wiederholung**. Solche Wiederholungen kann man aber leicht vermeiden und durch treffendere Zeitwörter ersetzen.

Einige Wörter zum **Wortfeld „laufen“** siehst du nun dargestellt. Finde selbst weitere passende Zeitwörter und ergänze sämtliche Leerstellen.

Die Mutter rannte aus dem Haus.
stürmte
stürzte

____

____

____

rasen

laufen

springen

Verbessere nun die obigen drei Sätze zu Beginn der Seite.

Bimbo merkt sich:

Erweitere deinen Wortschatz!

- Ersetze **Allerweltswörter** wie z. B. „sagen, laufen, sehen, machen“ durch treffendere Zeitwörter!
- Denke an **Wortfelder**. Beispiel: **sehen** – erblicken, schauen, beobachten, ...

Wer ist der Erzähler der Geschichte? 4. Schritt

Vergleiche die beiden abgeänderten Zeichnungen zu Bild 2 mit den zugehörigen Textfassungen. Fällt dir etwas auf?

Fassung A:

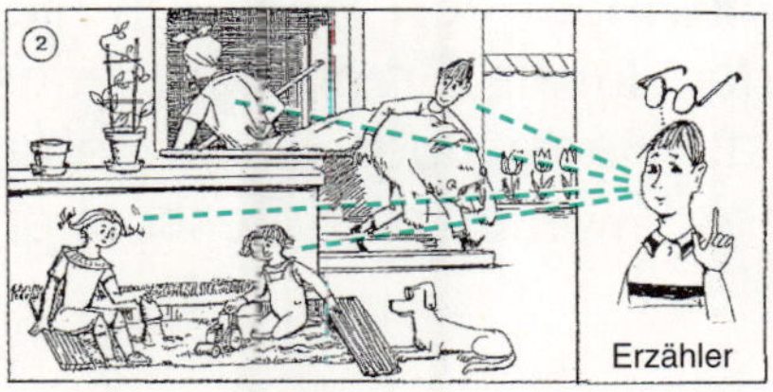

Die Mutter dachte sich: „Bald bin ich mit dem Putzen fertig.“ „Hoffentlich sieht mich keiner!“, schoss es Hansi durch den Kopf. Im Sandkasten schimpfte Evi: „Zerstöre mit deiner Dampfwalze nicht meine Kuchenform!“ „Na klar“, entgegnete Rudi. Struppi schaute gelangweilt drein.

Fassung B:

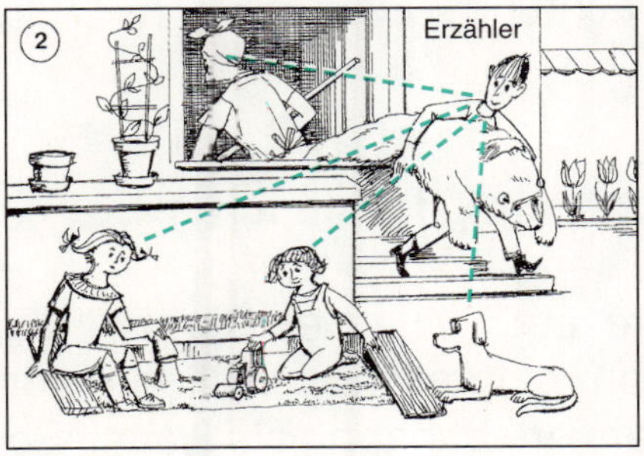

Mit dem Bärenfell unter dem Arm stieg ich aus dem Fenster. Von der Hausecke aus beobachtete ich die beiden Kinder. „Gott sei dank, Evi und Rudi bemerken mich nicht“, dachte ich mir, „auch Mutter hat mich noch nicht entdeckt.“ Vorsichtig schlich ich am Hund vorbei, der nur geradeaus schaute.

Schreibe auf, wie sich die beiden Fassungen unterscheiden.

In der Fassung A

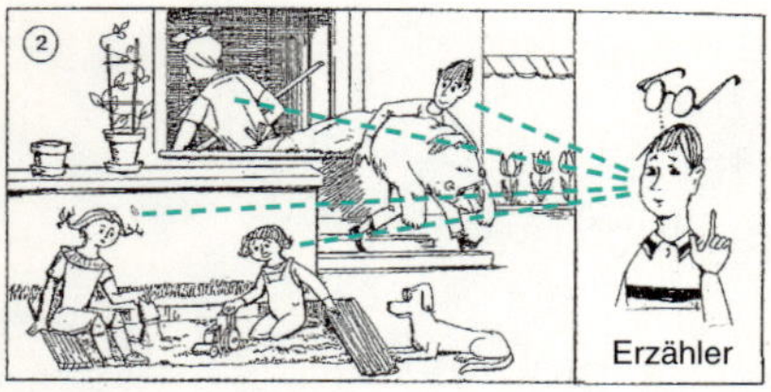

bist **du** der **Erzähler**, der sagt, was Mutter denkt, was Hansi sich überlegt, worüber die Kinder sich gerade unterhalten und was sie zu tun beabsichtigen. Gewissermaßen von außen siehst du mit der **Brille des Erzählers**, der alles weiß oder vermutet, was jede Person denkt, fühlt und tut.

Die Situationen einer Bildergeschichte werden in der Regel aus der **Sichtweise**, aus dem Blickwinkel, aus der Perspektive eines außen stehenden Beobachters dargestellt, also in der Fassung A.

Ganz anders verhält es sich mit der folgenden Betrachtungsweise.

In der Fassung B

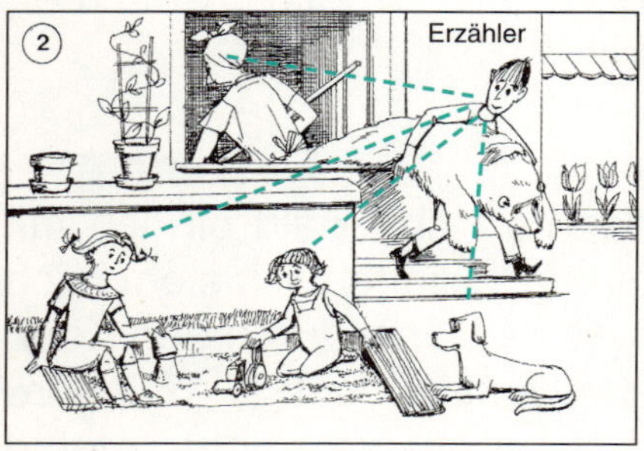

musst **du** als Erzähler in die **Rolle von Hansi** schlüpfen. Du erzählst die Geschichte so, als ob du Hansi wärst, also aus dem **Blickwinkel von Hansi**. In diesem Fall darfst du als Erzähler nur das schreiben, was Hansi über die anderen Personen denkt, wie er das Geschehen beurteilt.

Wenn du als Erzähler die Bildergeschichte **selber**, also z. B. an Stelle von Hansi, schreiben willst, kannst du die **Ich-Form** verwenden. Du erzählst den Handlungsablauf so, als ob du ihn selbst erlebt hättest.
Die Fassung B ist ein Beispiel für diese Betrachtungsweise.

Mit dem Bärenfell stieg **ich** ...
Von der Hausecke aus beobachtete **ich** ...
„Gott sei Dank, die Kinder bemerken **mich** nicht“, dachte **ich** mir.

Selbstverständlich kann die Bildergeschichte auch aus der **Sichtweise der Mutter** dargestellt werden. Die Mutter kommt in allen vier Bildern vor und wird die Geschichte natürlich etwas anders erlebt haben als Hansi. So hat die Mutter den Diebstahl des Bärenfells nicht bemerkt, ist also diesbezüglich auf Vermutungen angewiesen.

Du kannst dich auch in die Rolle von Evi (oder Rudi) hineinversetzen und die ganze Geschichte aus der **Sichtweise des Mädchens** (oder **Jungen**) erzählen. Bedenke aber, dass der Zeichner Evi im 1. Bild nicht dargestellt hat und dass Evi im 2. Bild nicht merkt, wie Hansi das Bärenfell stiehlt. So richtig spannend wird es für das Mädchen erst im **3. Bild**, als es vom Bären angegriffen wird. Hier ein Auszug:

Inhalt des 3. Bildes aus der Sicht von Evi: Rudi und **Evi** spielten gerade im Sandkasten. Plötzlich hörte **Evi** ein unheimliches Brummen hinter ihrem Rücken. Langsam drehte **sie sich** um. Vor **ihr** stand hoch aufgerichtet ein riesiger Bär, der wütend fauchte. Vor Angst schrie **Evi**: „Hilfe, ein Untier!“ **Ihrem** Freund Rudi standen die Haare zu Berge.

Schreibe obigen Inhalt zu Bild 3 aus der **Sichtweise von Evi** auf. Wähle aber diesmal die **Ich-Form**.

Stelle dir vor: Du bist Evi. Die dick gedruckten Wörter müssen dabei geändert werden. *Beispiel:* Rudi und **ich** spielten gerade ...

Seite Nr.: 48

Bimbo merkt sich:

Wer ist der Erzähler der Geschichte?

- Normalerweise bist du **der Erzähler**, der **alles weiß** oder vermutet, was im Bild zu erkennen ist.
- Die Geschichte darf aber auch aus dem Blickwinkel **einer Person** erzählt werden, die in den Bildern vorkommt (z. B. Hansi).
- Auch die **Ich-Form** kann gewählt werden.

Lies alle Merksätze nochmal durch. Betrachte die Bilder auf Seite 18. Schreibe nun ohne fremde Hilfe den Aufsatz: **Hansi, das Ungeheuer**.

Wenn du noch unsicher beim Aufsatzschreiben bist, dann darfst du die Geschichte nach dem Ablaufplan auf der nächsten Seite schreiben. Vergleiche danach den Musteraufsatz auf Seite 31 mit deinem Aufsatz und verbessere diesen.

Hansi, das Ungeheuer

Stelle Einleitung, Bildübergänge und Schluss knapp, die Bilder aber ausführlich dar.

Einleitung

Wie kam Hansi zum Fenster?

Hansi hatte eine prima Idee!

Übergang: B 1/B 2

Wie konnte Hansi unbemerkt in das Zimmer gelangen?

Der Diebstahl des Bärenfells

Übergang: B 2/B 3

Wo verkleidete sich Hansi als Bär?

Der Furcht erregende Überfall

Übergang: B 3/B 4

Wodurch wurde Hansi entlarvt?

Hansi auf der Flucht

Schluss

Wie endete die Geschichte für Hansi?

Musteraufsatz

Hansi, das Ungeheuer

An einem sonnigen Samstagmorgen plagte Hansi die Langeweile und er trieb sich wie gewöhnlich auf den nahe gelegenen Straßen umher. Nach einer Weile kam er wieder an seinem Elternhaus vorbei. Neugierig blickte er durchs Wohnzimmerfenster.

Mutter war gerade beim üblichen Frühjahrsputz und stellte das ganze Haus auf den Kopf. Sie hatte ein Tuch übers Haar gebunden und schrubbte den Fußboden. Neben der Stehleiter lagen der aufgerollte Teppich und die Bürste. Ein Bärenfell, welches sonst im Speicher aufbewahrt worden war, hing über dem Stuhl. Da hatte Hansi eine Idee! Er streckte einen Finger in die Höhe. Das bedeutete für ihn, dass er wieder einmal Unsinn im Kopf hatte. „Mit dem Bärenfell könnte ich etwas anstellen“, dachte Hansi hinterhältig.

Als die Mutter für einen kurzen Augenblick das Zimmer verlassen hatte, kletterte Hansi zum offenen Fenster hinein, schnappte sich das Bärenfell und verließ das Zimmer flugs auf dem gleichen Wege.

Im Hof erblickte er seine beiden Geschwister, Evi und Rudi, die friedlich im Sandkasten spielten. Begeistert rief Evi: „Endlich ist mir die Sandkuchenform gelungen!“ Rudi entgegnete: „Und meine Sandstraße habe ich mit der Dampfwalze gleich platt gefahren!“ Der Hund Struppi saß artig daneben. Ohne dass es seine spielenden Geschwister merkten, verschwand Hansi hinter der nächsten Hausecke.

Schnell stülpte sich der Junge das Bärenfell über den Körper und dachte sich: „Endlich kann ich es den beiden heimzahlen. Immer, wenn sie etwas angestellt hatten, behaupteten sie, ich sei es gewesen.“

Thema

I. Einleitung
vor dem 1. Bild

II. Hauptteil
1. Bild
Inhalt
Einzelheiten

Aufbau
der
Spannung

Übergang 1/2
vermutliche
Handlung

2. Bild
Wortfeld
„sagen“
wörtliche Rede
Einzelheiten

Übergang 3/4
Absicht
von Hansi

Mit lautem Gebrüll stürzte sich der verkleidete Hansi auf die Kinder. Erschreckt hoben diese ihre Arme in Abwehrstellung. Evis Zöpfe wirbelten in die Höhe. Beinahe wäre das Mädchen in Ohnmacht gefallen. Rudi riss entsetzt die Augen auf und die Haare standen ihm zu Berge. Mit zitternder Stimme rief er: „Hilfe, Hilfe, ein Untier, ein Bär!“ Evi schluchzte: „O weh, der Bär will uns fressen!“ Im Haus hörte die Mutter die Schreckensrufe ihrer Kinder und schaute besorgt und Unheil ahnend aus dem Fenster. Sie hatte immer noch den Besen in der Hand und dachte sich: „Du lieber Himmel, was ist denn da los?“

3. Bild

Höhepunkte

Zeitwörter

wörtliche Rede
Ausrufewörter

Einzelheit

Am mutigsten von allen war Struppi. Er fletschte die Zähne, griff wütend den „Bären“ an und riss ihm das Fell vom Körper.

Übergang 3/4

Entsetzt ergriff Hansi die Flucht und nahm mit Riesenschritten Reißaus. Der Hund verfolgte ihn und biss dem Übeltäter ins Bein. Die Mutter drohte dem davonlaufenden Jungen mit dem Schrubber und schimpfte laut hinter ihm her: „Na warte, du Lümmel, wenn ich dich erwische! Dann geht es dir schlecht!“ Evi hüpfte vor Freude in die Höhe und rief: „Hihihi, das geschieht dir recht!“ Rudi untersuchte das Fell, öffnete die Bärenschnauze ein Stück und meinte überrascht: „Das ist ja unser Bärenfell!“

4. Bild

Inhalt

wörtliche Rede

Sinn

Lösung
der Spannung

Hansi traute sich eine Zeit lang nicht nach Hause. Schuldbewusst schlich er sich schließlich in sein Zimmer. Am nächsten Tag musste er zur Strafe seiner Mutter drei Stunden lang beim Putzen helfen.

III. Schluss
Folge
der Tat

Bimbo-Schule

Tafel 1

Regeln zur Bildergeschichte

1. Gestaltungsaufgaben zum Inhalt

- Beschreibe genau den **Inhalt** eines jeden Bildes!

Bild 1	Bild 2	Bild 3	Bild 4
Idee	Diebstahl	Überfall	Hansis Flucht

- Erzähle kurz die **Übergänge** zu den Bildern!

Bild 1 ? Bild 2 ? Bild 3 ? Bild 4

↓ Mutter geht ↓ Verkleidung ↓ Hundebiss

- Schreibe passend zum Hauptteil eine **Einleitung** und einen **Schluss** dazu!

Einleitung Bild 1 Bild 2 Bild 3 Bild 4 **Schluss**

↓ |← Hauptteil →| ↓

Hansi langweilt sich … Welche Strafe?

- Notiere im Schlussteil der Geschichte den **Sinn** der Erzählung! *Beispiele:*
  Wer andern eine Grube gräbt, fällt selbst hinein.
  Wer zuletzt lacht, lacht am besten.

- Finde eine passende **Überschrift**, die den Sinn der Erzählung widerspiegelt!
  Beispiele:
  Hansi, das entlarvte Ungeheuer
  Der misslungene Streich

Bimbo-Schule

Tafel 2

Regeln zur Bildergeschichte

2. Gestaltungsaufgaben zur Sprache

Erzähle die Bildergeschichte **lebendig** und **spannend**!

- Verwende, besonders im **Höhepunkt**, die **wörtliche Rede**! *Beispiele:*
  Evi schluchzte: „O weh, der Bär will uns fressen!“
  „Hilfe, ein Untier kommt!“, schrie Rudi.

- Ersetze **Allerweltswörter** durch treffende **Zeitwörter**!
  sagen: sprechen, meinen, fragen, antworten
  sehen: erblicken, schauen, beobachten, erkennen

- Erzeuge **Spannung** durch **Ausrufesätze**!
  O Schreck, was ist denn da los?
  Na warte, du Lümmel, wenn ich dich erwische!

- Verwende passende Ausdrücke, die menschliche **Gefühle** und **Stimmungen** wiedergeben!
  Freude: vergnügt, fröhlich, lachend, glücklich
  Zorn: wütend, grimmig, empört, entsetzt, zornig
  Angst: furchtsam, erschrocken, verängstigt
  Körperhaltung: geknickt, gebeugt, aufrecht

- Beachte den **Spannungsaufbau** der Bildergeschichte!
  – Allmähliche Steigerung der Spannung
  – Höhepunkt besonders lebendig erzählen
  – Schnelles Abklingen der Spannung

Kapitel 3

Nacherzählungen

Der Fuchs und der Ziegenbock

Der Fuchs und die Katze

Lernziele

- Vorgegebene Geschichten mündlich und schriftlich nacherzählen
- Inhalt und Sinn der Lesestücke erfassen
- Den Inhalt in Stichpunkten notieren und gliedern
- Prüfen, ob der Kern der Geschichte erfasst wird
- Wichtige Einzelheiten beachten, nichts Zusätzliches erfinden
- Den Spannungsablauf einer Geschichte erkennen und wiedergeben

Nacherzählung

Der Fuchs und der Ziegenbock

In diesem Kapitel lernst du, wie man eine **Nacherzählung** richtig schreibt und was man dabei beachten muss. Lies dir deshalb diese Geschichte in Ruhe durch.

Der Fuchs und der Ziegenbock
Ein Fuchs fiel in einen tiefen Brunnen und konnte sich nicht heraushelfen. Da kam ein durstiger Ziegenbock zum Brunnen, und als er den Fuchs sah, fragte er ihn: „Ist das Wasser gut?“ Der Fuchs verschwieg, dass er in die Tiefe hinabgestürzt war, und antwortete: „Das Wasser ist klar und schmeckt gut; komm nur auch herab!“ Das tat der Bock, und als er seinen Durst gelöscht hatte, fragte er: „Wie können wir aber wieder herauskommen?“ Der Fuchs entgegnete: „Dafür will ich schon sorgen. Du stellst dich auf die Hinterbeine, stemmst die Vorderbeine gegen die Wand und streckst deinen Hals aus. Dann werde ich über deinen Rücken und deine Hörner hinaufklettern und dir auch heraushelfen.“ Der Ziegenbock tat, was der Fuchs geraten hatte, und sogleich sprang dieser über ihn hinweg und mit einem kräftigen Satz auf den Brunnenrand. Dort tanzte er voll Freude über seine Befreiung und verhöhnte den Bock. Dieser schalt ihn vertragsbrüchig, der Fuchs aber sagte: „Wenn du in deinem Kopf so viele Gedanken hättest wie Haare in deinem Bart, so wärst du nicht da hinuntergestiegen, ohne zu bedenken, wie du wieder herauskommst!“
Äsop

Hat dir die Geschichte gefallen? Sicher weißt du schon, wie man diese **Art von Geschichte** nennt, in der Tiere wie Menschen sprechen und handeln.

Kreuze die richtige Antwort an.

☐ Schwank ☐ Sage ☐ Fabel ☐ Märchen ☐ Legende

Die Geschichte „Der Fuchs und der Ziegenbock" ist eine von vielen Fabeln, in denen Tiere sprechen und handeln. Menschen sollen aus dieser Erzählung etwas lernen und die **Lehre** daraus ziehen.

Kannst du in wenigen Sätzen aufschreiben, was deiner Meinung nach der **Sinn der Geschichte** ist? Der Dichter Äsop will dir etwas sagen: …

Seite: 5 Nr.: 2

Häufig ist der **Sinn** der Geschichte in den **letzten Zeilen** der Fabel zu finden. In unserem Fall sind dies die Zeilen 18–21.
„Wenn du in deinem Kopf so viele Gedanken hättest wie Haare in deinem Bart, so wärst du nicht da hinuntergestiegen, ohne zu bedenken, wie du wieder herauskommst!"
Erkläre diesen Satz des Dichters mit deinen eigenen Worten.

Erläutere schriftlich, warum der Ziegenbock den Fuchs **vertragsbrüchig** nannte. Beschreibe das Schlüsselwort „vertragsbrüchig".

Seite: 5 Nr.: 3

Liest oder hört man eine Geschichte zum ersten Mal, sollte man sofort versuchen, den **Sinn** zu verstehen, das heißt, die **Kernaussage** oder den **Kerngedanken** oder den **Kern** zu erkennen, damit man die Geschichte auch sinngemäß wiedergeben kann.

Welche **Sprichwörter** und **Lebensweisheiten** passen zu unserer Fabel? Kreuze die richtigen Antworten an.

- ☐ Der kluge Mann baut vor.
- ☐ Wer andern eine Grube gräbt, fällt selbst hinein.
- ☐ Erst denken, dann handeln!
- ☐ Lügen haben kurze Beine.
- ☐ Lass dich nicht von einem Betrüger reinlegen!
- ☐ Wer zuletzt lacht, lacht am besten.
- ☐ Handle in schwierigen Situationen nicht unüberlegt!
- ☐ Wer einmal lügt, dem glaubt man nicht, und wenn er auch die Wahrheit spricht.

Seite: 5 Nr.: 4

Bimbo merkt sich:
Erkenne den Sinn der Geschichte!
- Erfasse den **Sinn**, den Kern der Geschichte!
- Achte auf die **Kernaussage**! Bei dieser Fabel ist sie am Ende des Textes zu finden.
- Erkläre wichtige **Begriffe**, die für das Sinnverständnis von Bedeutung sind! (z. B. vertragsbrüchig)

2. Schritt Den Inhalt in Erzählschritten festlegen

Am besten prägst du dir die Geschichte ein, wenn du dir ihren wesentlichen **Inhalt** der Reihe nach **bildlich** vorstellst und wichtige **Stichpunkte** dazu notierst. Der Handlungsablauf dieser Nacherzählung gliedert sich in vier **Erzählschritte**.

Lies die angegebenen Textstellen auf Seite 36 vorher durch! Ergänze sodann die Leerstellen stichpunktartig!

1. Erzählschritt: (Zeilen 1–5)

Fuchs im Brunnen

Ziegenbock am Brunnenrand

2. Erzählschritt: (Zeilen 6–8)

____

____

3. Erzählschritt: (Zeilen 9–15)

____

____

4. Erzählschritt: (Zeilen 16–21)

____

____

Nun hast du den Handlungsablauf der Geschichte kennen gelernt und die **Reihenfolge der Ereignisse** in **Erzählschritten** festgelegt.
Kannst du dich aber auch noch an **Einzelheiten**, an bestimmte Begriffe erinnern, die der Dichter verwendet hat?

Ergänze die Leerstellen des folgenden Textes.

Ein Fuchs fiel in einen ______________ Brunnen. Da kam ein Ziegenbock zum ______________ . Der Fuchs ______________ , dass er in die ______________ gestürzt war. Der Bock ______________ seinen Durst. „Du ______________ die Vorderbeine gegen die Wand. Ich klettere über deinen ______________ und deine ______________ hinauf.“ Der Fuchs tanzte voll ______________ über seine ______________ . Der Ziegenbock schalt ihn ______________ . „Wenn du in deinem Kopf so viele ______________ hättest wie ______________ in deinem ______________ , ...!“ (Lösung: Text auf Seite 36)

Bimbo merkt sich:
Erzähle den Inhalt der Reihe nach!

- Stelle dir die Handlungssituation bildlich vor!
  Lege die **Erzählschritte** fest!
- Notiere **Stichpunkte** und Begriffe zu den einzelnen Erzählschritten!
- Erinnere dich an **Einzelheiten**!

Bei der Nacherzählung einer Fabel musst du die sprachliche Ausdrucksweise des Dichters nicht wörtlich übernehmen. Du sollst nach Möglichkeit eigene Worte verwenden, wenn diese der Geschichte einen Sinn geben. Lies die Fabel auf Seite 36 noch einmal aufmerksam durch.

Schreibe die Nacherzählung mit Hilfe der folgenden Angaben und Bilder als Erstentwurf auf deinen Block.

Viel Erfolg!

Der Fuchs und der Ziegenbock

Ein Fuchs fiel ...

– Worüber unterhielten sich die beiden Tiere?
– Der Fuchs verschwieg etwas.
– Womit lockte er den Ziegenbock? Welche List wandte er an?

Das tat der Bock ...

– Warum sprang der Bock ins Wasser?
– Beide Tiere hatten nun ein großes Problem!
– Welche Frage stellten sie sich?

Der Fuchs entgegnete ...

– Der Fuchs dachte sich eine List aus.
– Welchen Vorschlag machte er?
– Fiel der Ziegenbock auf die List herein?

Dort tanzte er ...

– Wie fühlte sich der Fuchs?
– Worüber beschwerte sich der Ziegenbock?
– *Überlege:* Der Fuchs gab dem Ziegenbock einen Rat.
– Erkennst du die Lehre der Geschichte?

Schlage jetzt die **Seite 36** auf. Vergleiche deinen Erstentwurf mit der abgedruckten Fabel im Buch.

Überarbeite selbstständig deinen Aufsatz nach folgenden Gesichtspunkten:

1. Verbessere zuerst deine **Rechtschreibfehler** anhand des Textes. In Zweifelsfällen hilft dir ein Wörterbuch.

2. Überprüfe den **Inhalt der Geschichte** der Reihe nach auf Vollständigkeit. Ergänze **Fehlendes** am Blockrand.
   Vielleicht hast du vergessen darzustellen:
   ... was der Fuchs verschwieg,
   ... welche List der Fuchs anwandte, um den Ziegenbock in den Brunnen zu locken,
   ... welchen Vorschlag der Fuchs zur Rettung machte,
   ... dass der Ziegenbock den Fuchs vertragsbrüchig schalt,
   ... welchen Rat der Fuchs dem Ziegenbock gab.

   Oder hast du gar einen ganzen Erzählschritt ausgelassen?

3. Ist der **Sinn der Geschichte** von dir richtig wiedergegeben worden? Hast du z. B. aufgeschrieben, dass der Ziegenbock nicht in den Brunnen hätte hinuntersteigen sollen, ohne darüber nachzudenken, wie er wieder herauskommt?

4. Hast du auf die richtige **Ausdrucksweise** geachtet? Du sollst die Geschichte mit deinen eigenen Worten erzählen. Einzelne Satzteile oder kurze Sätze können wörtlich wiedergegeben werden.
   Du musst dir aber die Sätze nicht auswendig merken.

5. Hast du **etwas hinzugefügt**, was nicht in der Fabel steht? *Bedenke:* Die Nacherzählung ist keine Fantasieerzählung.

6. Ergänze, wenn nötig, wichtige **Einzelheiten** und **Begriffe**.

Fertige als Zweitentwurf (Reinschrift) eine überarbeitete Fassung der Nacherzählung an.

Viel Erfolg!

Nacherzählung

Der Fuchs und die Katze

Es trug sich zu, dass die Katze in einem Wald dem Herrn Fuchs begegnete. Sie dachte: „Der ist gescheit und wohlerfahren und gilt viel in der Welt“, und sie sprach ihn freundlich an:

„Guten Tag, lieber Fuchs, wie geht’s wie steht’s? Wie schlagt Ihr Euch durch in dieser teuren Zeit?“

Der Fuchs betrachtete die Katze voll Hochmut vom Kopf bis zu den Füßen und wusste lange nicht, ob er eine Antwort geben sollte. Endlich sprach er: „O du armseliger Bartputzer, du buntscheckiger Narr, du Hungerleider und Mäusejäger, was kommt dir in den Sinn? Du unterstehst dich zu fragen, wie es mir geht? Was hast du gelernt? Wie viele Künste verstehst du?“

„Ich verstehe nur eine einzige“, antwortete bescheiden die Katze. „Was ist das für eine Kunst?“, fragte der Fuchs. „Wenn die Hunde hinter mir her sind, so kann ich auf einen Baum springen und mich retten.“

„Ist das alles?“, fragte der Fuchs. „Ich bin der Herr über hundert Künste und habe überdies noch einen Sack voll Listen. Du jammerst mich. Komm mit mir, ich will dich lehren, wie man den Hunden entgeht!“

Gerade kam ein Jäger mit vier Hunden daher. Die Katze sprang behänd auf einen Baum und setzte sich in den Wipfel, wo Äste und Laubwerk sie völlig verbargen. „Bindet den Sack auf, Herr Fuchs, bindet den Sack auf!“, rief ihm die Katze zu. Aber die Hunde hatten ihn schon gepackt und hielten ihn fest.

„Ei, Herr Fuchs!“, rief die Katze. „Ihr bleibt mit Euern hundert Künsten stecken. Hättet Ihr heraufkriechen können wie ich, so wär’s nicht um Euer Leben geschehen!“

Brüder Grimm

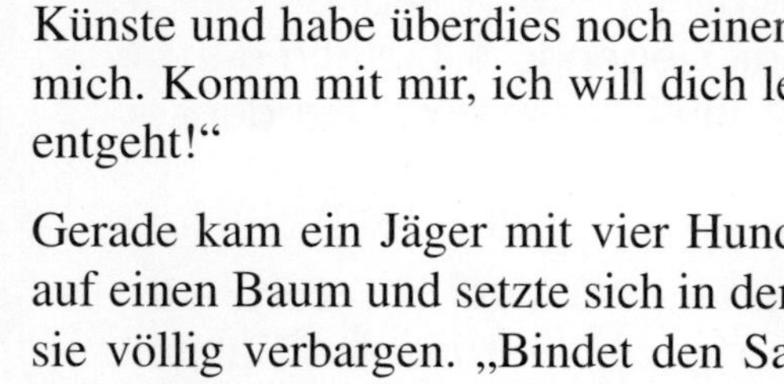

Den Inhalt der Geschichte erfassen **1. Schritt**

Die Fabel vom Fuchs und der Katze enthält eine aufregende Handlung, welche du in der Form einer Nacherzählung möglichst genau, spannend und lebendig erzählen sollst.

Inhalt der Fabel nach Stichpunkten notieren **Teilschritt 1**

Lies die Fabel auf der linken Seite zweimal aufmerksam durch. Versuche aus der Erinnerung heraus, die Geschichte in **Stichpunkten** aufzuschreiben. Sie dienen als Gedächtnisstütze. Diese Stichpunkte findest du auch mit Hilfe dieser Fragewörter:

wer? – was? – wo? – wie? – warum? – weshalb? – wozu?

Schreibe den folgenden Text ab und ergänze die fehlenden Stichpunkte zur Fabel.

Der Fuchs und die Katze

- Es trug sich zu (wann)?
- Katze und Fuchs (wer?), im Wald (wo?)
- Katze begrüßte Fuchs, freundlich (wie?)
- Fuchs antwortete, hochmütig (wie?)
- Fuchs, überlegen, wie viele Künste (welche?)
- Katze, bescheiden, nur eine (welche?)
- (Fahre fort!) ...

Lies die Fabel jetzt Satz für Satz durch und vergleiche die von dir gefundenen Stichpunkte mit dem Text der Geschichte. Ergänze die noch **fehlenden** Stichpunkte und vervollständige so mit wenigen treffenden Worten den Handlungsablauf.

Erzähle nun **mündlich** mit Hilfe deiner vervollständigten **Stichpunktliste** frei und lebendig die Fabel vom Fuchs und der Katze. Rede halblaut und versuche im Tonfall nachzuahmen, wie z. B. die bescheidene Katze und der hochmütige Fuchs sprechen.

Stichpunkte:
- zutragen, Katze, Fuchs
- Katze grüßte ...

Erzählung:
- Es trug sich zu, dass die Katze im Wald einen Fuchs traf. ...

Teilschritt 2 Von Stichpunkten zur Gliederung

Die von dir gefundenen Stichpunkte können geordnet und grob gegliedert werden in **Einleitung**, **Hauptteil** und **Schluss**. Der Hauptteil wird in vier Erzählschritte untergliedert.

Lies die Fabel auf Seite 42 **abschnittsweise** durch und finde passende Überschriften zu den einzelnen Gliederungspunkten.

Der Fuchs und die Katze

I. Einleitung:
(Es trug sich zu ...) — Fuchs und Katze trafen sich

II. Hauptteil:

1. **Erzählschritt:**
   (Der Fuchs betrachtete ...) ______________________
2. **Erzählschritt:**
   („Ich verstehe nur eine ...“) ______________________
3. **Erzählschritt:**
   („Ist das alles?“) ______________________
4. **Erzählschritt:**
   (Gerade kam ein Jäger ...) ______________________

III. Schluss:
(„Ei, Herr Fuchs!“, ...) ______________________

Im folgenden Schaubild erkennst du deutlich, dass die Spannung von Erzählschritt zu Erzählschritt bis hin zum **Höhepunkt** langsam anwächst. Danach sinkt sie rasch ab. Diesen **Spannungsverlauf** sollst du beim Schreiben der Nacherzählung nachahmen.

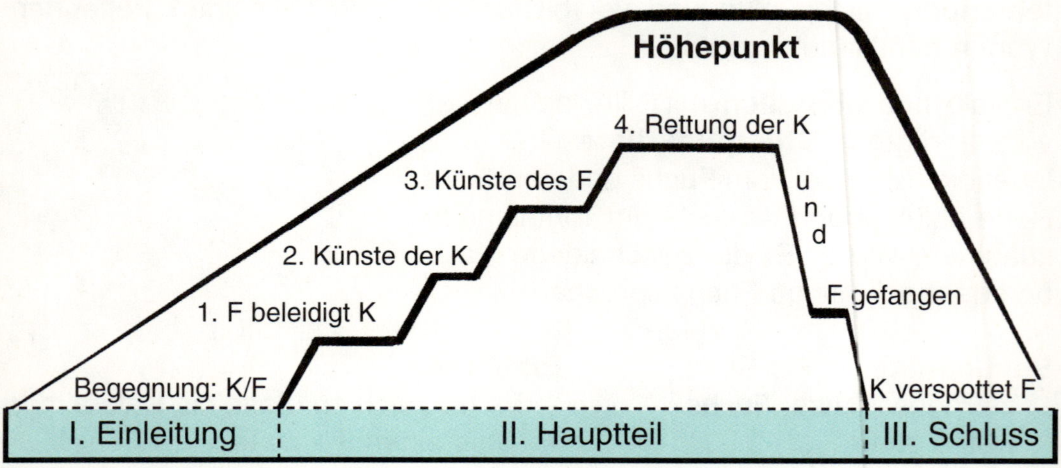

Bimbo merkt sich:

Erfasse den Inhalt der Geschichte!

- Notiere nach dem Lesen des Textes **Stichpunkte**!
- Ordne sie den Gliederungspunkten **Einleitung**, **Hauptteil** und **Schluss** zu!
- Untergliedere den Hauptteil in **Erzählschritte**!

Den Sinn der Geschichte erkennen **2. Schritt**

Lies bitte die Fabel auf Seite 42 nochmal gründlich durch.

Schreibe dann auf, was deiner Meinung nach der **Sinn** der Geschichte ist. Was wollen dir die Brüder Grimm mit dieser Fabel sagen?

Versuche einmal, dich in die Lage von Fuchs und Katze zu versetzen. Wie fühlten sich beide Tiere,

a) bevor die Hunde kamen,
b) nachdem die Hunde den Fuchs gepackt hatten?

Ergänze das Schaubild. Setze passende Eigenschafts- und Zeitwörter in die Leerstellen ein.

– **bevor die Hunde kamen**

F

– hochmütig
– er prahlt
– ________________
– ________________

K

– bescheiden
– höflich
– ________________
– ________________

– **nachdem die Hunde gekommen waren**

K

– höhnisch
– sie spottet
– ________________
– ________________

F

– betrübt
– er ärgert sich
– ________________
– ________________

Ergänze auch das folgende Schaubild:

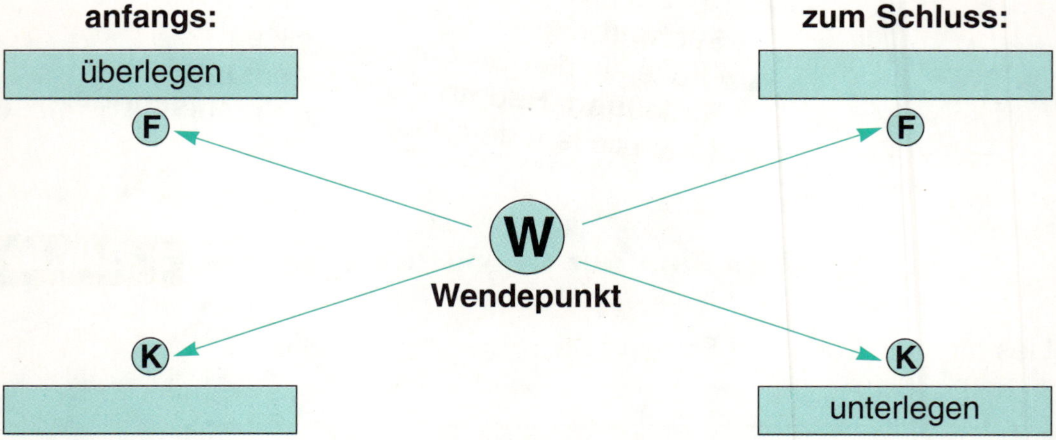

Jetzt kannst du sicher den Wendepunkt der Geschichte erläutern.

Erkläre mit deinen eigenen Worten den **Sinn der Geschichte**, so wie er im letzten Abschnitt der Fabel zum Ausdruck kommt.
„Ei, Herr Fuchs!“, rief die Katze. „Ihr bleibt mit Euern hundert Künsten stecken. Hättet Ihr heraufkriechen können wie ich, so wär’s nicht um Euer Leben geschehen!“ …

Wenn du die Fabel gut verstanden hast, dann kannst du sicher die folgenden **Sprichwörter** und **Redensarten** ergänzen.

Übermut tut selten ________ . __________ kommt vor dem Fall.

Wer zuletzt __________ , __________ am besten.

Welche Lehre für das Leben wirst du selbst aus der Fabel ziehen?

Bimbo merkt sich:
Erkenne den Sinn der Geschichte!

- Der Handlungsablauf ändert sich. Diese Fabel hat einen **Wendepunkt**.
- Der Sinn ist im **Schlussteil** der Geschichte erkennbar.
- Sprichwörter verdeutlichen die **Lehre**.

Auf wichtige Einzelheiten achten **3. Schritt**

Lies die Fabel auf **Seite 42** noch einmal aufmerksam durch. Achte dieses Mal besonders auf **Einzelheiten** und bestimmte Ausdrücke im Text.

Schreibe danach die Antworten zu den Fragen in die Leerstellen.

1. Was dachte die Katze über den Fuchs, als sie ihm im Walde begegnete?

„Der ist ____________ und ____________ ..." 2 P.

2. Wie betrachtete der Fuchs die Katze?

... voll Hochmut vom ____________ bis zu den ____________ ... 2 P.

3. Mit welchen Schimpfwörtern beleidigte der Fuchs die Katze?

O du ____________

____

____

____________ 4 P.

4. Der Fuchs prahlte:
„Ich bin der Herr über ____________ ____________ ... und ich habe

überdies noch einen ____________ voll ____________ ... 4 P.

5. Wo verbarg sich die Katze, als die Hunde kamen?

... im ____________ , wo ____________ und ____________ ... 3 P.

6. Die Katze verspottete den Fuchs.

„Ihr bleibt mit Euern ____________ ____________ stecken ... 2 P.

17 P.

Überprüfe deine Ergebnisse mit dem **Lösungsheft**. Wenn du **12–17 Punkte** erreicht hast, kannst du dir schon viele Einzelheiten merken. Hast du **7–11 Punkte** bekommen? Achte in diesem Fall darauf, dass du dir beim nochmaligen Vorlesen der Geschichte wichtige Einzelheiten gut einprägst.

Du weißt bereits, dass man bei einer Nacherzählung keine wichtigen Einzelheiten weglassen darf. Denke über folgende **Einleitung** nach, die der Schüler Herbert geschrieben hat.

Eines schönen Tages traf die Katze den Herrn Fuchs, der gerade aus seinem Bau kam um zu jagen. Dabei dachte sich die Katze: „Der ist aber gerissen und weiß genau, wie man am besten Mäuse fängt, bevor sie im Mäuseloch verschwinden können.“ Grimmig sprach sie den Fuchs an: „Guten Morgen, armer Schlucker, hast du heute Morgen schon Mäuse gefangen?“

Unterstreiche die Textstellen mit **Grünstift**, in denen Herbert etwas **erfunden** oder hinzugefügt hat!
Mit **Rotstift** sollst du die Stellen im Text unterstreichen, die vom Sinn her offensichtlich **falsch** dargestellt sind.

Decke die folgende Lösung zur obigen Aufgabe mit einem Blatt Papier ab.

Die Einleitung ist viel zu lang. Der Schüler hat **frei erfunden**, dass der Fuchs vom Mäusejagen kommt und daraufhin von der Katze angesprochen wird. **Falsch** ist, dass die Katze den Fuchs **grimmig** begrüßte. In Wirklichkeit sprach sie ihn **freundlich** an. Außerdem ist zu Beginn der Geschichte der Fuchs kein **armer Schlucker**, sondern ein **lieber Herr**.

Bei einer Nacherzählung darfst du also **nichts erfinden**, den Inhalt nicht fantasievoll ausschmücken. Der Sinn der Geschichte soll **nicht falsch** oder offensichtlich verfälscht, sondern **richtig** wiedergegeben werden.

Bimbo merkt sich:
Merke dir nur wichtige Einzelheiten!

- Erinnere dich an **besondere Begriffe** im Text!
- **Erfinde nichts** und **füge nichts hinzu**!
- Gib den Sinn **nicht falsch** wieder!

Schreibe jetzt die **Nacherzählung „Der Fuchs und die Katze“** auf deinen Block.

Viel Erfolg!

Kapitel 4

Erlebniserzählung

Als ich einmal Angst hatte

Lernziele

- Ein zum Thema passendes Erlebnis finden
- Eine Erlebniserzählung gliedern
- Die richtige Zeitform wählen
- In Erzählschritten zum Höhepunkt und zum Schluss führen
- Spannung durch Anwenden der wörtlichen Rede erzeugen
- Schreiben, was die handelnden Personen denken und fühlen
- Genau bezeichnen, wie Menschen, Tiere und Gegenstände sind

Erlebniserzählung

Das Wort Erlebniserzählung ist ein zusammengesetztes Hauptwort, bestehend aus dem **Grundwort „Erzählung“** und dem **Bestimmungswort „Erlebnis“**.
Es handelt sich also hier um eine Aufsatzart, bei der ein Erlebnis erzählt werden soll.

1. Schritt Wie finde ich ein Erlebnis?

Ein Lehrer stellte den Schülern das Thema:

Als ich einmal Angst hatte

Nach einiger Zeit fiel ihm auf, dass nur wenige Schüler zu schreiben begonnen hatten. Fast alle, die er fragte, antworteten: „Mir fällt nichts ein.“
Denke einmal nach, wovor man Angst haben könnte.

Die folgenden Bilder zeigen dir, in welchen Situationen manche Menschen Angst empfinden.

Wenn dir noch immer nichts eingefallen ist, denke weiter nach!

- Hast du schon einmal etwas heimlich getan?
- Hast du schon einmal etwas Verbotenes gemacht?
- Hast du schon einmal ein Versprechen nicht gehalten?

Oft taucht die Frage auf, ob ein Erlebnis wahr sein muss. Nun, es kann durchaus einmal vorkommen, dass du ein Erlebnis erfinden musst. Dann aber solltest du es so erfinden und schreiben, dass man es **glauben** kann. Einfacher ist es sicherlich, und meistens gelingt es auch besser, wenn du ein **wirkliches** Erlebnis erzählst.

Sicherlich ist dir jetzt ein Erlebnis zum gestellten Thema eingefallen. Schreibe es in Stichpunkten auf deinen Block. Später sollst du damit eine Erlebniserzählung verfassen.

Hier findest du eine Auswahl von weiteren Themen zu einer Erlebniserzählung. Überlege, ob du zu jedem einzelnen Thema ein persönliches Erlebnis findest.

- Das war ein Spaß!
- So eine Überraschung!
- Beim Zahnarzt
- Das war ein Glück!
- Ein schöner Ausflug
- Noch einmal gut gegangen!
- Zu spät!
- Ein lustiger Streich
- Ein Erlebnis mit einem Tier
- Wie konnte das passieren?

Schreibe deine gefundenen Erlebnisse stichpunktartig auf den Block.
Das folgende Beispiel hilft dir dabei.

Beispiel:

Thema
So ein Pech! → **Erlebnis**
Ich wollte an einem Ausflug teilnehmen, kam aber zu spät zur Abfahrt des Zuges. …

Bimbo merkt sich:

Wie finde ich ein Erlebnis?

- Wenn dir ein Thema gestellt wird, versuchst du, **durch Nachdenken** dazu ein Erlebnis zu finden.
- Erzähle nach Möglichkeit ein **wahres Erlebnis**! Seine Darstellung gelingt meist besser.
- Bleibe bei **einem** Erlebnis! Es kann auch ein einfaches Erlebnis sein.

2. Schritt Wie gliedere ich eine Erlebniserzählung?

Lies den folgenden Schüleraufsatz von Hans aufmerksam durch.

Als ich einmal Angst hatte

An einem Sonntagabend lag ich schon früh im Bett. Meine Eltern waren zu einem Fest gefahren und ich musste ganz alleine zu Hause bleiben. Nachdem ich schon fest geschlafen hatte, geschah es. Ich wurde wach und hörte ein lautes Geknarre und Geklapper. Ich erschrak, zuckte zusammen und dachte: „Was ist das?“ Vor lauter Angst zog ich mir die Decke über den Kopf. Aber noch immer hörte ich diese Geräusche. Nun schwitzte ich schon am ganzen Körper. „Wenn doch bloß meine Eltern endlich kommen würden“, dachte ich. Nachdem ich lange Zeit unbeweglich dagelegen war und lange nachgedacht hatte, entschloss ich mich nachzusehen, woher die Geräusche gekommen waren. Ängstlich, ein wenig zitternd, stand ich auf, zog mir meinen Morgenmantel an und stieg leise und vorsichtig die Treppe hinab. Auf vielen Stufen blieb ich stehen und atmete tief durch. „Bumm, bumm!“ Deutlich hörte ich das Geräusch. Ich zuckte zusammen, fasste aber schließlich Mut und ging weiter. Das Geräusch kam aus dem Keller. Ganz langsam und vorsichtig öffnete ich die Kellertür und da sah ich es! Mein Vater hatte vergessen das Fenster zu schließen. Der Wind bewegte es heftig hin und her. Es schlug dauernd gegen die Wand. Schnell machte ich es zu und ging erleichtert wieder in mein Bett. Am anderen Morgen erzählte ich das Erlebnis meinen Eltern. Sie lachten alle beide.

Sicherlich ist dir aufgefallen, dass der Aufsatz noch nicht in Abschnitte eingeteilt ist.
Teile den Aufsatz von Hans in diese **drei Hauptabschnitte** ein:

Einleitung – Hauptteil – Schluss

Setze nach jedem Abschnitt im Text dieses Zeichen: ⌐

Vergleiche deine Einteilung des Aufsatzes mit der Einteilung, die nun folgt.

Lies die Zeilen 1–3 des Aufsatzes nochmal durch und betrachte dann das 1. Bild.
Du siehst: Hans ist allein zu Hause und schläft.
Durch diese Tatsache wird das Erlebnis noch nicht verraten, wohl aber zu dem Erlebnis hingeführt. (...geschah es.)

Das also ist die **Einleitung**.

Lies jetzt die Zeilen 4–18 nochmal durch und betrachte das nebenstehende Bild.

– Hans hörte Geräusche,

– stieg die Treppe hinab,

– öffnete die Tür,

– sah das offene Fenster.

Im **Hauptteil** führen wir zunächst in Schritten, wie oben dargestellt, zum Höhepunkt. (...da sah ich es!)

Der **Höhepunkt** ist der spannendste Moment in der Erzählung.
Danach fällt die Spannung ab. Dies wird durch einen weiteren Erzählschritt dargestellt. (Zeile 20: – Hans schließt das Fenster)
Das also ist der **Hauptteil** des Aufsatzes.

Lies die beiden letzten Zeilen (21 und 22) im Aufsatz.
Betrachte das nebenstehende Bild.
Die Spannung ist bereits gelöst. Hans verbindet gedanklich den Schluss mit der Einleitung:
Die Eltern waren zu einem Fest gefahren und sind jetzt wieder zu Hause.
Das also ist der **Schluss**.

Die folgende Darstellung fasst zusammen, was du schon gelernt hast.

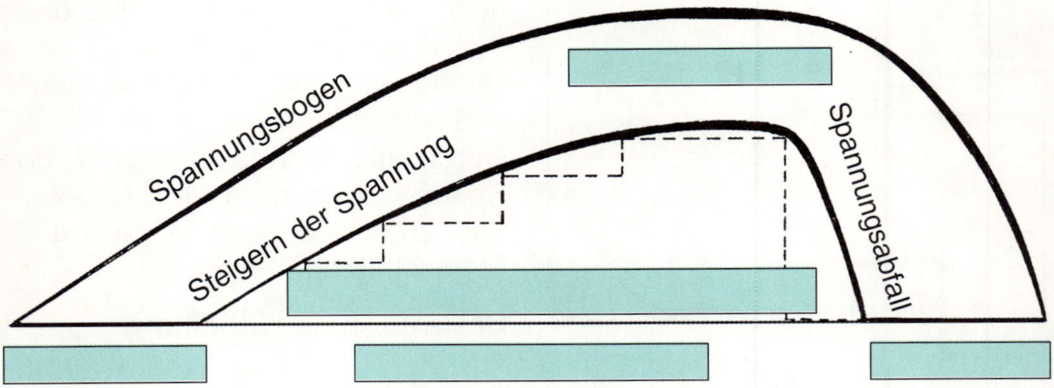

Trage in obiges Schaubild die folgenden Begriffe richtig ein: Einleitung – Hauptteil – Schluss – Erzählschritte – Höhepunkt

Bimbo merkt sich:
Wie gliedere ich eine Erlebniserzählung?

- Die Erlebniserzählung hat drei Gliederungsteile: **Einleitung – Hauptteil – Schluss**.
- Die Einleitung **führt** zum Erlebnis **hin**.
- Der Hauptteil besteht aus **Erzählschritten** und enthält den Höhepunkt.
- Der Schluss kann **in Verbindung zur** Einleitung stehen.

Schaue nach, in welcher Zeitform Hans seine Erlebniserzählung geschrieben hat und ergänze den folgenden Satz.

Hans erzählt eine Geschichte, die länger zurückliegt und wählt

deshalb die ____________________ als Zeitform der Erzählung.

Seite: 7 Nr.: 2

Hier findest du dazu Übungsaufgaben. Das Zeitwort ist immer am Ende des Satzes eingeklammert und in der Grundform angegeben.

Trage das **Zeitwort** in der **1. Vergangenheit** in die jeweilige Leerstelle ein.

– An einem Sonntagabend ______________ ich schon früh im Bett. (liegen)

– Man ____________ ein lautes Geknarre. (hören)

– Ich ____________ zusammen und ____________: „Was ist das?" (zucken, denken)

– Vor Angst _______ ich mir die Decke über den Kopf. (ziehen)

– Aber immer noch ____________ die Geräusche zu hören. (sein)

– Mein ganzer Körper ____________ und ____________. (zittern, beben)

– Nach langem Überlegen ____________ ich mich nachzuschauen. (entschließen)

– Ängstlich ____________ ich auf. (stehen)

– Das Geräusch ____________ aus dem Keller. (kommen)

Seite: 7 Nr.: 3

– Sie ____________ alle beide. (lachen)

Bimbo merkt sich:
Wähle die richtige Zeitform!

- Die Erlebniserzählung schreibst du in der **1. Vergangenheit**. Beispiel: hören – ich hörte.
- Du musst auf die **unterschiedliche** Bildung der 1. Vergangenheit achten! Beispiel: liegen – ich lag.

4. Schritt Die Gestaltung des Hauptteils

Erzählschritte führen im Hauptteil zum Höhepunkt

Karl hat zum gleichen Thema **„Als ich einmal Angst hatte“** diesen Aufsatz geschrieben.

Es war an einem Samstag in den Sommerferien. Meine Eltern waren mit dem Auto weggefahren.

Also verabredete ich mich mit Ralf und seinen Freunden zum Fußballspielen. Wir wählten zwei Mannschaften und schon ging es los. Ralf stand im Tor. Rudi dribbelte mit dem Ball und schoss auf das Tor. Ernst gab sofort nach dem Anspiel eine Flanke von der rechten Seite herein und ich konnte zum Ausgleich einköpfen. War das eine Freude!

Es machte richtig großen Spaß!

Da kam mein Vetter Georg und bat mich mitzufahren und ihm zu helfen. Er musste einen Wagen voll Futtergras holen.

Georg nahm mich mit auf den Bauernhof und ich durfte nun auf dem Traktor fahren, an den wir den Ladewagen angehängt hatten.

Als wir an der Hangwiese ankamen, fuhr ich schnell den Balkenmäher aus der Hütte und begann zu mähen. Fast war ich fertig, da geschah es! Der Mäher stürzte um und überschlug sich mehrmals, bis er schließlich unten im Tal zum Liegen kam.

Der Mäher war abgerissen und nun hatten wir beide Angst, da wir es meinem Onkel sagen mussten.

Aber wir hatten Glück! Der Onkel meinte nur: „Hauptsache, euch ist nichts passiert!“

Lies den Aufsatz von Karl noch einmal Abschnitt für Abschnitt durch. Unterstreiche die Sätze im Text, die **nicht** zum Thema „Als ich einmal Angst hatte“ passen.

Seite Nr. 7 4

Du hast vielleicht einen Erzählschritt im Aufsatz von Karl gefunden, der nicht zum Thema passt.
Der **Erzählschritt vom Fußballspielen** (siehe Bild 1 der Seite 56) führt vom Thema „Als ich einmal Angst hatte“ weg.
Es ist zwar richtig, dass Karl auf dem Sportplatz war. Aber das ausführliche Erzählen über das Fußballspielen ist hier fehl am Platz.
Die anderen Erzählschritte sind folgerichtig und führen Schritt für Schritt zum **Höhepunkt** (siehe Bild 2 der Seite 56).

Bimbo merkt sich:
Erzählschritte führen zum Höhepunkt!

- **Vermeide** Erzählschritte, die vom gestellten Thema **wegführen**!
- Verwende zur Vorbereitung und Hinführung auf den Höhepunkt **nur solche** Erzählschritte, die zu dem Erlebnis **passen**!

Wörtliche Rede erzeugt Lebendigkeit und Spannung — 5. Schritt

Noch **abwechslungsreicher, lebendiger** und damit auch **spannender** wird deine Erlebniserzählung, wenn du die Personen in deiner Erzählung auch **sprechen** lässt.

Schreibe auf deinen Block die folgenden Sätze aus dem Aufsatz von Karl. Ergänze die Leerstellen in der **wörtlichen Rede**.

Beispiel:
Da kam mein Vetter und bat mich: „Kannst du ______________________?“
… bat mich: „Kannst du **mit mir gehen und Futter holen**?“

- Ich fragte ihn: „Darf ich mit dem ______________________________?“
- „Ja, aber wir müssen zuerst den Ladewagen ____________________“, antwortete mein Vetter Georg.
- Der Mähbalken war abgerissen. „So ein ______________“, schimpfte ich laut vor mich hin.
- „Wie sollen wir das bloß ______________________?“, meinte ich.
- „Du, Onkel, uns ist______________“, versuchte ich zu erklären.

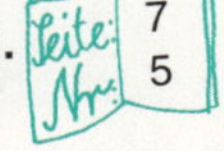

Auf dieser Seite lernst du, wie man die Satzzeichen bei der wörtlichen Rede setzt.

Beispiel: „Nun beginnt das Spiel“, rief Hans.

Das **Anführungszeichen** ist **tief** gesetzt. Es steht **vor** der wörtlichen Rede.

Das **Schlusszeichen** ist hoch gesetzt. Es steht **hinter** der wörtlichen Rede.

Das Anführungszeichen zeigt an, wo die wörtliche Rede beginnt; das Schlusszeichen gibt an, wo sie endet.

Beachte aber:
Punkt, Fragezeichen und **Ausrufezeichen** stehen vor dem Schlusszeichen der wörtlichen Rede.

Beispiele: – Hans rief: „Pass auf!“
– „Holst du Futter?“, fragte Georg.

Das **Komma** steht immer nach dem Schlusszeichen der wörtlichen Rede.

Beispiel: – „Hans ist krank“, rief Klaus.

Schreibe die folgenden Sätze mit Anführungs- und Schlusszeichen auf deinen Block.

– Georg fragte: Kannst du mähen?
– Lauf schnell, rief Karl, der Mäher rollt davon!
– Kannst du mähen?, fragte Georg.
– Der Mäher rollt davon, rief Karl, lauf schnell weg!

Bimbo merkt sich:
Wörtliche Rede erzeugt Lebendigkeit!
- Benütze die wörtliche Rede, um deinen Erlebnisaufsatz **lebendiger** und **spannender** zu gestalten.
- Jede wörtliche Rede wird durch **Anführungs-** und **Schlusszeichen** gekennzeichnet.
- Nur beim **Komma** wird das Schlusszeichen **davor** gesetzt.

Gefühle darstellen und Gedanken aufschreiben **6. Schritt**

Erinnere dich an den Aufsatz von Karl (siehe Seite 56). Er schrieb in seinem Aufsatz einfach nur : „Nun hatten wir Angst.“
So allgemein ausgedrückt findet sich dies immer wieder in Aufsätzen. Dabei kann man **„Angst“** sprachlich viel besser und treffender ausdrücken.

Betrachte das nebenstehende Bild! Erinnere dich. Der Mähbalken war abgerissen. Betrachte den **Gesichtsausdruck** von Karl und Georg Was fühlt wohl jeder?

Schreibe mit Hilfe der Ausdrücke aus der folgenden Wörterliste einige Sätze auf. Sie sollen die **Gefühle** von Karl und Georg ausdrücken, wie dir die Beispiele zeigen.

Beispiele: Karl zitterte am ganzen Körper.
Georg brach in Schweiß aus.

Wörterliste:

Herzklopfen haben – Luft wegbleiben – in Schweiß ausbrechen – frösteln – schlottern – frieren – zittern – eine Gänsehaut bekommen – schreien – zaudern – Schrecken im Gesicht stehen – bekümmert sein – sorgenvolle Miene machen

Hier findest du den Schlussteil des Aufsatzes von Karl, nachdem diese Erlebniserzählung überarbeitet worden war.

Unterstreiche die Ausdrücke im Text, mit denen **Gefühle** dargestellt wurden!

...Der Mähbalken war abgerissen. Niedergeschlagen betrachteten wir, was wir angestellt hatten. „Was wird wohl mein Onkel dazu sagen?“, fragte ich verzweifelt. Verzagt machten wir uns auf den Heimweg. Aber wir hatten Glück! Der Onkel meinte nur: „Hauptsache, euch ist nichts passiert.“

Betrachte das Bild!

Was denkt wohl Karl?

Was überlegt sich Georg?

Schreibe mit Hilfe der folgenden Zeitwörter und Ausdrücke, was Karl und Georg wohl **denken**. Verwende dabei die **wörtliche Rede**.

Beispiel: „Wird mein Onkel schimpfen?“, überlegt Karl.

denken, fragen, meinen, klagen, hervorstoßen, seufzen, bitten, schimpfen, schreien, grübeln, überlegen, beschließen.	So ein Mist! – Muss ich dies bezahlen? – Wie teuer wird es? – Ob ich je wieder Traktor fahren darf? – Wird mein Onkel schimpfen? – Hätte ich doch bloß aufgepasst!

Die Sätze in der Wörterliste drücken entweder Angst oder aber Freude aus. Ordne sie auf deinem Block wie folgt.

Angst	**Freude**
Ich stand wie gelähmt vor Angst.	Mein Herz klopfte vor Freude.

Wörterliste:

Das war so ein unerwartetes Glück. – Ich hatte ein unheimliches Gefühl. – Mein Herz klopfte rasend. – Der Angstschweiß trat mir auf die Stirn. – Ich klatschte begeistert in die Hände. – Ich stand wie gelähmt.

Seite: Nr.: 7 8

Bimbo merkt sich:
Gefühle darstellen und Gedanken aufschreiben!

- Es empfiehlt sich, die **Gefühle** der handelnden Personen darzustellen.
- Auch ihre **Gedanken** sollen genannt werden.

Passende Wörter finden 7. Schritt

Treffende Zeitwörter verwenden Teilschritt 1

Am folgenden Beispiel sollst du lernen, wie man einen Aufsatzentwurf sprachlich verbessern kann. Lies diesen Aufsatz durch.

Mit dem Schrecken davongekommen

Nach der Schule gingen wir heim. Als wir gegessen hatten, gingen wir zum Sportplatz um Fußball zu spielen. Hans kam etwas später, denn er war noch schnell bei der Apotheke vorbeigegangen.
Wir wählten zwei Mannschaften und endlich ging es los. Heinz bekam den Ball und flankte herein. In der Mitte ging Markus hoch und köpfte den Ball ins Tor. Nach dem Anspiel passierte es. Heinz schoss den Ball weg. Er traf damit eine Frau am Kopf, die auf dem Fußweg neben dem Sportplatz ging. Die Frau ging zu Boden.
Sofort gingen wir alle zu ihr hin. Sie stand auch gleich wieder auf. „Gott sei Dank“, sagte Hans, denn es ging ihr gleich wieder viel besser. Heinz entschuldigte sich bei der Frau.

Suche alle **Zeitwörter** und unterstreiche sie im Text. Was fällt dir auf?

Der Aufsatz wirkt auch deshalb so langweilig, weil immer wieder das Allerweltswort „gehen“ verwendet wurde. Dabei gibt es bessere, treffendere und passendere Wörter als immer nur das Zeitwort „gehen“.

Schreibe nun auf deinen Block der Reihe nach aus obigem Text die Sätze heraus, in denen das Zeitwort „gehen“ verwendet wurde. Ersetze es jeweils durch ein **treffenderes Zeitwort**. Das folgende **Wortfeld „bewegen“** hilft dir dabei.

Wörterliste:

bewegen, laufen, rennen, spazieren, springen, hüpfen, schreiten, marschieren, stolzieren, schlendern, stolpern, hochsteigen, wandern, eilen, hasten, fliehen, stürmen, sausen, humpeln, bummeln, schleichen, fahren, fallen, beginnen

Lies den Satz: „Gott sei Dank“, sagte Hans, denn es **ging** ihr gleich wieder viel **besser**.
Hier konntest du das Allerweltswort „gehen“ nicht mit einem Begriff aus dem Wortfeld „bewegen“ ersetzen. Trotzdem, auch in diesem Fall solltest du versuchen einen treffenderen Ausdruck zu finden.
Zum Beispiel: ... denn sie **erholte sich** gleich wieder.

Wir üben jetzt **treffendere Zeitwörter** zu gebrauchen.

Ersetze das dick gedruckte Zeitwort durch ein treffenderes und schreibe es in die Klammer. Die unten abgedruckte Wörterliste hilft dir dabei.

– Der Junge **sagte** (______________) seinem Großvater: „Da bekomme ich eine schreckliche Angst!“

– „Hast du auch so ein unheimliches Gefühl?“, **sagte** (______________) Hans, nachdem die Gefahr vorüber war.

– Gerd kam zu spät zum Essen. Die Mutter **sagte**: (______________) „Kannst du dich denn nicht beeilen?“

– Nachdem wir zwei Stunden gewartet hatten, kam Wolfgang und **sagte** (______________), dass der Motor **gemacht** (______________) sei.

– Wenn es nächsten Freitag nicht regnet, **machen** (______________) wir in der Schule ein Fest.

– Der Junge fragte ganz aufgeregt: „Wissen Sie, wann der nächste Bus nach Oberstdorf **geht** (______________)?“

– Wenn wir unseren Aufsatz **gemacht** (______________) haben, sollen wir ihn überarbeiten!

Wörterliste:

schreiben – feiern – fahren – fragen – schimpfen – sich erkundigen – dauern – berichten – reparieren – erzählen

Treffende Eigenschaftswörter finden | Teilschritt 2

Mit Eigenschaftswörtern drücken wir bei der Erlebniserzählung aus, wie Menschen, Tiere und Gegenstände sind und wirken.

Der folgende Aufsatz ist ein Lückentext, bei dem du in die Leerstellen die passenden Eigenschaftswörter bzw. die anderen genannten Wörter einsetzen sollst, die in der Wörterliste angegeben sind.

Wörterliste:

freundlich – weinerlich – angestrengt – bedrückt – größer – verzweifelt – schulfrei – beste – gemeinsam – gegenseitig – laut – rutschig – stark

Als ich einmal Angst hatte

Es war an einem ________________ Samstag, als meine Eltern nach Freudenstadt fuhren. Also rief ich meine ______________ Freundin an und bat sie mich zu besuchen.

Nachdem sie gekommen war, überlegten wir ______________, was wir unternehmen konnten. Schließlich einigten wir uns, auf der Straße vor unserem Haus Ball zu spielen. Wir warfen uns den Ball ______________ zu. Wir warfen immer ______________ und da geschah es. Der ______________ Ball glitt mir aus der Hand und traf die Straßenlaterne. Mit ________________ Krachen splitterte das Glas, die Lampe war entzwei.

„Was nun?“, fragte Tanja. Wir überlegten ______________ , wie wir es meinem Vater erklären sollten. ________________ kehrten wir ins Haus zurück. Je länger es dauerte, desto ________________ wurde unser Unbehagen. Wir waren ______________. Schließlich hatten wir regelrecht Angst.

Endlich kamen meine Eltern und mit ______________ Stimme erzählte ich meinem Vater, was geschehen war.

„Das ist nicht schlimm“, meinte er nur. „Du hast einen ________

Vater“, tröstete mich Tanja.

Seite: 8
Nr.: 11

Bimbo merkt sich:
Finde passende Ausdrücke!

- Benütze **treffende** Zeitwörter!
- Von Menschen, Tieren und Gegenständen können wir mit Eigenschaftswörtern **genauer** erzählen.

Schreibe nun deine Erzählung zum Thema „Als ich einmal Angst hatte“.

Wenn du dich noch nicht sicher genug fühlst, kannst du deine Erzählung nach den Regeln auf Seite 66 schreiben oder erst den folgenden Aufsatz durchlesen.

Musteraufsatz für eine Erlebniserzählung

Thema

Als ich einmal Angst hatte

Einleitung

In den letzten Sommerferien beschlossen mein Freund Rainer und ich, eine Fahrradtour an den Bodensee zu unternehmen.

Hauptteil
wörtliche Rede
Erzählschritt

Bereits früh um sieben Uhr klingelte Rainer an meiner Haustür. „Auf geht’s, du Schlafmütze“, rief er. Schnell packte ich meinen Rucksack, verstaute das Zelt auf dem Gepäckträger und schon fuhren wir los.

Erzählschritt

Nach drei Stunden recht schneller Fahrt kamen wir in Lindau an. Wir stellten unsere Räder ab und besichtigten die reizvolle Innenstadt. Danach fuhren wir weiter, immer am See entlang, und erreichten am späten Nachmittag unser Ziel: den Campingplatz „Seewiese“ bei Meersburg.

Erzählschritt

Während Rainer das Zelt aufbaute, eilte ich zur Telefonzelle, denn ich hatte meiner Mutter versprochen anzurufen. Sie war froh, als sie hörte, dass wir gut angekommen waren.

Erzählschritt

Nun half ich Rainer beim Zeltaufbau. „Da kann etwas nicht stimmen“, meinte ich. Schließlich bemerkten wir unseren Fehler. Wir hatten die Zeltstangen vertauscht. Nachdem das Zelt aufgestellt war, zogen wir mit dem Spaten um das Zelt einen Graben, damit kein Wasser hineinfließen konnte.

Schon bald legten wir uns auf unsere Luftmatratzen, denn wir waren müde von der Fahrt. Irgendwann in der Nacht wachte ich auf. Das Zelt schien hell erleuchtet. Ein Donnerschlag folgte. „Ein Gewitter!“, durchfuhr es mich. Regen prasselte auf das Zeltdach, dass es sich anhörte, als würde es hageln.

Beginn des Höhepunktes

Steigern der Spannung durch wörtliche Rede

Gedanken wiedergeben

„Rainer, schnell, wach auf!“, rief ich. Sofort tastete ich nach ihm. Aber der Platz neben mir war leer, Rainer war weg.

Die Zeit verging, aber Rainer erschien nicht.

„Wenn er doch bloß kommen würde“, grübelte ich. War ich bisher unruhig und bedrückt, so überkam mich nun die Angst, mehr und mehr.

Gefühle ausdrücken

„Was kann ihm den zugestoßen sein? Warum hat er mich denn nicht geweckt?“ Während ich so nachdachte, beschlich mich ein ungutes Gefühl. Ich lag wie gelähmt auf meiner Matratze, mutlos und niedergeschlagen und konnte mich einfach zu nichts entschließen.

Spannungsabfall

Da, plötzlich kroch Rainer völlig durchnässt in unser Zelt. Was war geschehen?

Erzählschritte

Rainer hatte bemerkt, dass Wasser in unser Zelt drang. Er war hinausgegangen, um den Graben um das Zelt noch tiefer auszuheben. „Das hättest du eigentlich hören müssen, aber wahrscheinlich hat dich deine Angst taub gemacht“, scherzte er.

Schluss
gedanklicher Bezug zur Einleitung

In dieser Nacht schlief ich nicht mehr. Trotzdem verbrachten wir anschließend noch einige schöne Tage am Bodensee.

Bimbo-Schule

Regeln für die Erlebniserzählung

Dies ist eine Art „Spickzettel“, der dir noch einmal zeigt, wie du bei jeder Erlebniserzählung vorgehen sollst.

Schreibe diesen „Spickzettel“ ab und lege ihn zum Ausarbeiten deiner Erlebniserzählung neben dich!

- Versuche durch Nachdenken **ein** Erlebnis zu finden, über das du erzählen willst.
- Denke daran, dass du in der Einleitung noch nichts Wesentliches verrätst, damit die Spannung erhalten bleibt. Gliedere sichtbar in die Teile **Einleitung – Hauptteil – Schluss**.
- Überprüfe: Die Zeitform, in der du die Erlebniserzählung schreibst, ist die **1. Vergangenheit**. *Beispiel:* Ich **lief** schnell heim.
- In Erzählschritten, also Schritt für Schritt, bereitest du den **Höhepunkt** vor. Du gliederst dabei in Abschnitte.

- Um deinen Aufsatz lebendiger und spannender zu gestalten, benützt du die **wörtliche Rede**. Du schreibst auch, was die Personen **denken** und **fühlen**.
- Verwende **treffende** Zeitwörter und Eigenschaftswörter!

Kapitel 5

Reizwortgeschichten

Ball – Scherben – Arzt
Auto – Urlaub – Polizei

Lernziele

- Aus Wörtern Erzählschritte finden
- Von den Erzählschritten zur Gliederung gelangen
- Reizwörter in eine logische Reihenfolge bringen
- Eine Reizwortgeschichte lebendig gestalten
- Die Regeln der Erlebniserzählung beachten

Reizwortgeschichten

1. Schritt Wie aus Reizwörtern Erzählschritte werden

Bei einer Reizwortgeschichte werden dir bestimmte Begriffe, die so genannten **Reizwörter**, vorgegeben.
Beispiel: **Ball – Scherben – Arzt**
Reizwörter sollen einen **Anreiz** geben, nach eben diesen Wörtern eine Geschichte zu erzählen. Du kannst die Reizwörter mit den einzelnen Bildern einer Bildergeschichte vergleichen. Die einzelnen Wörter sind der **Schlüssel** für die ganze Erzählung.
Wenn du eine Geschichte zu den Reizwörtern schreiben sollst, hast du grundsätzlich zwei Möglichkeiten:

1. **Möglichkeit:** Zu den Reizwörtern fällt dir ein **wahres** Erlebnis ein, das du nun wie eine Erlebniserzählung schreibst.
2. **Möglichkeit:** Es fällt dir kein wahres Erlebnis ein. Du musst dir nun durch deine Vorstellungskraft ein Erlebnis **ausdenken**.

Deine Gedanken zu den einzelnen Reizwörtern ergeben also das Gerüst für deine Geschichte. Was du dir bei den einzelnen Wörtern denkst, ist der Rahmen für deine Erzählung.
Zu den folgenden Reizwörtern: **Ball – Scherben – Arzt**
haben die Kinder Hans, Erika und Rudi jeweils ihre Vorstellungen und Gedanken in Erzählschritten aufgeschrieben.
Überprüfe, ob in den folgenden Beispielen jeweils **alle drei** Reizwörter in den Erzählschritten vorkommen.

Lies die Beispiele und unterstreiche im Text die Reizwörter farbig.

1. Beispiel: Hans

Erzählschritte:
- Eugen und seine Freunde spielten auf der Straße Fußball.
- Passanten schimpften, dass die Straße kein Spielplatz sei.
- Der Ball flog in das Schaufenster eines Geschäfts. Die Fensterscheibe zerbrach in viele Scherben.
- Eine Frau im Geschäft wurde durch die Glassplitter im Gesicht verletzt.
- Der Arzt wurde gerufen.

2. Beispiel: Erika

Erzählschritte:

- Erich erhielt einen Satz Tennisbälle als Geburtstagsgeschenk.
- Er spielte mit seiner Schwester in der Wohnung Tennis.
- Erich holte mit dem Schläger aus und zertrümmerte dabei den Spiegel, der in viele Scherben zerbrach.
- Inge rutschte auf einer Scherbe aus; diese blieb im Oberschenkel stecken. Die Wunde blutete stark.
- Die Mutter rief den Arzt.

3. Beispiel: Rudi

Erzählschritte:

- Gerd und seine Freunde spielten auf dem Sportplatz Fußball.
- Klaus schoss den Ball aufs Tor. Er verfehlte es und traf ein Auto, das in der Nähe des Tores abgestellt war.
- Der Besitzer kam wütend angerannt.
- Der rechte vordere Scheinwerfer war zerbrochen, die Scherben lagen auf dem Boden.
- Klaus erklärte dem Besitzer, dass er selbst Schuld habe, da er sein Auto neben dem Tor abgestellt habe.
- Der Fahrer erregte sich noch mehr und schlug zu. Klaus fiel auf den Hinterkopf und blieb regungslos liegen.
- Gerd rief den Notarzt und die Polizei.

Du hast sicher herausgefunden, dass in den Beispielen jeweils alle vorgegebenen Reizwörter vorkommen. Ebenfalls hast du gesehen, dass jedes Kind **andere** Vorstellungen und Gedanken zu den Reizwörtern **„Ball – Scherben – Arzt“** entwickelt hat.

Versuche nun einmal selbst, **deine** Vorstellungen und Gedanken zu dieser Reizwortgeschichte in Form von Erzählschritten aufzuschreiben. Finde auch eine passende Überschrift.

Bimbo merkt sich:
Formuliere aus Reizwörtern Erzählschritte!

- **Erinnere dich** an ein Erlebnis zu den Reizwörtern oder **denke dir** eine Geschichte **aus**.
- Halte deine Gedanken und Vorstellungen zu den Reizwörtern **in Erzählschritten** fest.

2. Schritt Von den Erzählschritten zur Gliederung

Betrachte die drei Bilder zu den Reizwörtern: **Auto – Urlaub – Polizei**

Die folgenden **Erzählschritte** des Hauptteils sowie die **Einleitung** und der **Schluss** sind durcheinander geraten.

Ordne sie, indem du die fehlenden Nummern 2 – 7 so in die Kreise einträgst, dass eine folgerichtige Geschichte daraus entsteht.

( ) Wir fuhren auf einer schmalen Straße die Küste entlang. An einer Felsklippe hielt mein Vater an. Wir stiegen aus und betrachteten die Wellen, die gegen den Fels schlugen.

(1) Wir waren schon seit zwei Jahren nicht mehr in den Urlaub gefahren. Dieses Jahr wollten meine Eltern mit dem Auto an die französische Mittelmeerküste fahren.

( ) Wir fuhren frühmorgens in Ulm ab, denn wir wollten am ersten Tag die Stadt Lyon erreichen und dort übernachten. Am zweiten Tag kamen wir an unserem Ziel an.

( ) Wir liefen zum Auto zurück und sahen, dass die Fensterscheibe eingeschlagen war. Es fehlte die komplette Kameraausrüstung.

( ) Wir fuhren zur Polizei. Dort zeigte mein Vater den Diebstahl an und die Polizisten protokollierten unsere Aussagen.

( ) Als meine Mutter sich umdrehte, sah sie, wie zwei junge Männer davonrannten.

( ) Trotz dieses unerfreulichen Diebstahls verbrachten wir noch schöne Ferientage am Mittelmeer.

Seite: 8
Nr.: 1

Du hast jetzt durch deine richtige Nummerierung bereits die **Gliederung** der Reizwortgeschichte festgelegt.

Einleitung: ① „Wir waren schon seit zwei Jahren ...“
Hauptteil: Erzählschritte: ② ③ ④ ⑤ ⑥
Schluss: ⑦ „Trotz dieses unerfreulichen Diebstahls ...“

Bimbo merkt sich:
Von den Erzählschritten zur Gliederung!

- Lege **Einleitung, Hauptteil** und **Schluss** fest.
- Ordne die Erzählschritte im Hauptteil **folgerichtig**.

Zur Reihenfolge der Reizwörter 3. Schritt

Die Reizwörter sind in einer bestimmten Reihenfolge angegeben.
Beispiel: **Scherben – Arzt – Fußball**. Nun kann es aber passieren, dass du eine Geschichte dazu schreiben willst, in der diese Reihenfolge so nicht mehr stimmen würde. Du hast dann das Recht, die Reihenfolge der Reizwörter zu ändern.
Du willst beispielsweise zuerst schreiben, wie Kinder Fußball spielten. Dann traf der Ball die Fensterscheibe. Eine Frau wurde dabei durch Scherben verletzt, sodass ein Arzt gerufen werden musste. Also änderst du die Reihenfolge der Reizwörter: **Fußball – Scherben – Arzt**.

Denke dir zu den folgenden Beispielen jeweils ein Erlebnis aus. Schreibe die Reizwörter in der Reihenfolge, die deinen Gedanken und Vorstellungen entspricht, jeweils darunter.

1. Beispiel: ⟶ Feuerwehr – Rauch – Polizei

____

2. Beispiel: ⟶ Rettung – Luftmatratze – Baggersee

____

3. Beispiel: ⟶ Unfall – Hund – Motorrad

____

Schreibe nun deine Vorstellungen und Gedanken zu den 3 Beispielen stichwortartig in Form von Erzählschritten auf. Schreibe entsprechend der von dir gewählten Reihenfolge der Reizwörter.

1. Beispiel:

Erzählschritte:

Feuerwehr –

Rauch –

Polizei

2. Beispiel:

Rettung –

Luftmatratze –

Baggersee

3. Beispiel:

Unfall –

Hund –

Motorrad

Bimbo merkt sich:
Zur Reihenfolge der Reizwörter!

- **Überprüfe**, ob die Reihenfolge der Reizwörter deinen Gedanken entspricht.
- Ändere **gegebenenfalls** die Reihenfolge.

Für die Gestaltung der Reizwortgeschichte gelten die Merkmale der **Erlebniserzählung**:
Wörtliche Rede verwenden, Gefühle ausdrücken, Gedanken wiedergeben, treffende Wörter schreiben.

Lies den folgenden Aufsatz durch und trage diese Merkmale an der richtigen Stelle in die Leerzeilen ein. Um deine Arbeit zu erleichtern, sind die entsprechenden Textstellen dick gedruckt.

Musterbeispiel

Ball – Scherben – Arzt

Eugen hatte seine Freunde und mich am Nachmittag zu seiner Geburtstagsfeier eingeladen.

Nachdem wir Kuchen gegessen hatten, kam Hans eine Idee: **„Wie wär es, wenn wir Fußball spielen würden? Dann könnten wir auch gleich deinen neuen Ball ausprobieren."**

Da der Sportplatz zu weit entfernt war, liefen wir einfach auf die Straße vor dem Haus. Mit Kreide malte Rolf zwei Tore auf den Straßenbelag. Dann wählten wir zwei Mannschaften und begannen zu spielen. Eine ältere Frau wollte die Straße **überqueren,** aber sie **traute** sich nicht. „Die Straße ist doch kein Spielplatz!", schimpfte sie ärgerlich.

Herr Müller stand vor dem Eingang seiner Apotheke und schrie: **„Wollt ihr endlich verschwinden oder muss ich erst die Polizei rufen?"**

Wir aber spielten unbeirrt weiter. Eugen zirkelte den Ball Karl zu, der schob ihn weiter zu Hans und Hans schoss aus vollem Lauf. Aber der Ball flog nicht ins Tor, sondern genau in Richtung Apotheke. Wir schauten gebannt und hörten, wie der Ball auf der Schaufensterscheibe aufschlug. Dann ein Klirren, die Scheibe war zerbrochen! **Stumm** und **ratlos** standen wir da. **Betroffen** blickten wir uns gegenseitig an.

Reizwörter

Einleitung

Hauptteil

____

____

____

____

____

____

____

____

____

____

„Was wird mein Vater dazu sagen? Wird der Apotheker uns anzeigen?“ Diese Gedanken jagten mir durch den Kopf.

Als wir so **unschlüssig** dastanden, rannte eine Apothekenhelferin aus dem Haus hinüber zur Praxis des Arztes Dr. Mayer. Wenige Augenblicke später kam sie mit ihm wieder heraus und beide liefen eilig zur Apotheke.

Wir wunderten uns, dass der Apotheker nicht sofort herausgerannt war um uns zu schelten. Was war geschehen? Später, nachdem der Arzt wieder gegangen war, erfuhren wir es.

Der Ball hatte die Scheibe zerbrochen und eine Scherbe hatte eine Kundin so **unglücklich** im Gesicht getroffen, dass die Wunde stark blutete. Deshalb musste der Arzt gerufen werden.

Es erstaunte uns sehr, dass der Apotheker uns dies alles ganz ruhig und sachlich erklärte. Wir waren darauf gefasst gewesen, eine gehörige Standpauke von ihm zu erhalten. **„Ihr seht, die Straße ist wirklich kein Spielplatz“,** bemerkte er noch. Sogar den Fußball gab er uns zurück.

Die Verletzung der Frau war nicht so gefährlich. Es hatte nur zunächst so schlimm ausgesehen, weil die Wunde stark geblutet hatte.

Schluss

Wir kehrten ins Haus zurück, aber an ein Feiern dachte keiner mehr.

Seite: 8
Nr.: 2

Bimbo merkt sich:
Gestalte deine Reizwortgeschichte!
Es gelten die **Merkmale** der **Erlebniserzählung**.
- Gebrauche als Zeitform die **1. Vergangenheit**!
- Verwende **treffende** Ausdrücke!
- Erzeuge Spannung, indem du die **wörtliche Rede** verwendest!
- Drücke auch die **Gedanken** und **Gefühle** der handelnden Personen aus!

Kapitel 6

Ausgestaltung eines Erzählkerns

Fortsetzung einer Erzählung

Spielen in der Kiesgrube

Ein kluger Hund

Lernziele

- Aus einem Erzählkern eine Erlebniserzählung schreiben
- Eine passende Überschrift finden
- Den Inhalt der Geschichte gliedern
- Eine angefangene Geschichte sinnvoll zu Ende schreiben
- In Fortsetzungsgeschichten die Regeln der Erlebniserzählung beachten
- Auf wirklichkeitsnahe Gestaltung achten

Ausgestaltung eines Erzählkerns

1. Schritt Wie aus einem Erzählkern eine Erzählung wird

Der Inhalt einer Geschichte ist in verkürzter Form, als so genannter **Erzählkern**, vorgegeben. So wie in einer Zeitungsmeldung wurde nur das Wichtigste des Geschehens in knapper Form festgehalten.

Lies den folgenden Erzählkern aufmerksam durch!

Erzählkern

Beim Spielen in der stillgelegten Kiesgrube in Sandhausen wurde am Samstagnachmittag gegen 15 Uhr der achtjährige Peter verschüttet. Am Grubenrand brach ein großes Randstück ab und begrub den Jungen unter sich. Nur der Geistesgegenwart seines Freundes Gerd und der sofortigen Bergung durch die Feuerwehr hatte es der Junge zu verdanken, dass er überlebte. Mit einem schweren Schock wurde er ins Kreiskrankenhaus Rastatt eingeliefert.

Deine Aufgabe ist es nun, aus dieser Zeitungsmeldung, **dem Erzählkern**, eine **lebendige** und **spannende Erzählung** zu gestalten. Benütze dabei die sprachlichen Mittel der Erlebniserzählung. Die folgenden Fragen und Hinweise sollen dir dabei helfen. Wenn du dir über die einzelnen Schritte der Erlebniserzählung nicht mehr sicher bist, so schaue auf Seite 66 nach!

Beantworte die folgenden Fragen und Hinweise!

- Schreibe als Einleitung auf, wie es dazu kam, dass die beiden Jungen in der stillgelegten Kiesgrube gespielt hatten.

- Wie kam es dazu, dass das Randstück abbrach?

- Schreibe in Form der wörtlichen Rede, was Gerd wohl gerufen hatte.

- Stelle dir vor, wie sich der verschüttete Peter fühlte.

- Was hatte Gerd unternommen um Peter zu retten?

- Schreibe in der Form der wörtlichen Rede das Gespräch zwischen Gerd und einem Feuerwehrmann von Sandhausen auf.

- Gestalte ausführlich und spannend, wie die Rettungsaktion verlief. Dies wird der Höhepunkt der Erzählung.

- Schreibe als Schluss, wie es Peter im Krankenhaus erging.

Du kannst jetzt sicherlich den Erzählkern zu einer ausführlichen und lebendigen Erzählung ausbauen.

Schreibe diese Erzählung auf deinen Block.

2. Schritt Die Meldung in der Ich-Form erzählen

Du kannst aber den Erzählkern für den Leser interessanter gestalten, wenn du als Erzähler die Geschichte **selber** schreibst. Wähle zu diesem Zweck die Ich-Form: Erzähle den Handlungsablauf so, als ob du ihn selbst erlebt hättest.

Dabei kannst du in die Rolle von Peter oder von Gerd schlüpfen, beides ist möglich.

Schreibe die Zeitungsmeldung als Erzählung aus der Sicht von Gerd. Schreibe also in der Ich-Form.

Fassung in der Ich-Form:

Am Samstagnachmittag fuhr **ich** mit meinem neuen Mountainbike zu meinem Freund Peter. Gemeinsam wollten wir in der ehemaligen Kiesgrube ausprobieren, was man mit einem solchen Fahrrad alles unternehmen kann.

(Fahre fort!)

3. Schritt Eine treffende Überschrift finden

Wenn du den Erzählkern ausgestaltet hast und daraus eine Erlebniserzählung geworden ist, musst du zum Schluss eine passende Überschrift zu deinem Aufsatz formulieren. Diese Überschrift muss aber sowohl zu dem Geschehen als auch zu der Sichtweise passen, aus der du erzählst.

Welche der folgenden Überschriften passen zu der Erzählung?

- Unfall in einer Kiesgrube
- Schwer bestraft
- Glück im Unglück
- Wie durch ein Wunder gerettet
- Verschüttet
- Schreck am Abend
- Ungewollte Feuerwehrübung
- Wahre Freundschaft

Ordne diese Überschriften richtig in die Tabelle ein.

passt gut	passt nicht

Bimbo merkt sich:
Wie aus einem Erzählkern eine Erzählung wird!

- Gebrauche für die Gestaltung des Erzählkerns die **Merkmale** der **Erlebniserzählung**.
- Suche eine **passende** Überschrift!
- Du kannst auch in der **„Ich-Form“** schreiben.

Auch aus dem folgenden Erzählkern sollst du eine lebendige Erzählung gestalten. Lies ihn durch.

Erzählkern

Erstaunt war der Klassenlehrer der Klasse 4 a der Christophorus Schule in Freudenstadt, als er am späten Nachmittag einen Telefonanruf eines Busfahrers aus dem 50 Kilometer entfernten Rastatt erhielt. Seine Schülerin, Heike R., war nach Schulschluss in den falschen Bus gestiegen, hatte dies aber überhaupt nicht bemerkt. Erst als der Fahrer bei der Endstation Rastatt ankam, bemerkte er, dass noch eine Schülerin im Bus saß. Da keine Möglichkeit mehr vorhanden war, mit einem öffentlichen Verkehrsmittel nach Freudenstadt zurückzufahren, setzte sich Lehrer K. in sein Auto und holte die Schülerin in Rastatt am Busbahnhof ab. Auf seine Frage, wie dies passieren konnte, antwortete die Schülerin, dass sie wie immer in einen roten Bahnbus eingestiegen sei. Nur war es nicht der rote Bahnbus gewesen, mit dem sie sonst nach Hause fuhr.

Auch hier helfen dir wieder einige Fragen und Hinweise, um den **Erzählkern** zu einer **Erzählung** auszubauen. Bearbeite diese Fragen und Hinweise.

- Schreibe das Telefongespräch zwischen dem Busfahrer und dem Lehrer auf. Gib beiden Personen einen Namen!

- Notiere, was der Busfahrer wohl dachte, als er an der Endstation die Schülerin bemerkte.

- Stelle dir vor, was das Mädchen fühlte, als es erfuhr, dass keine Möglichkeit mehr bestand, von Rastatt nach Hause zu gelangen und schreibe diese Gefühle auf.

Schreibe diesmal den Aufsatz so, als ob du die Schülerin Heike wärst. Schreibe ihn also in der **„Ich-Form“**. Suche auch eine treffende Überschrift.

Beginne zum Beispiel so: Als es letzten Mittwoch um 13 Uhr zum Schulschluss läutete, rannte **ich** schnell zur Bushaltestelle ... *(Fahre fort!* Lösung mit Wörterliste auf den Seiten 82/83)

Versuche nun ein weiteres Mal, aus einem Erzählkern eine Erlebniserzählung zu fertigen. Beachte dabei wiederum die Regeln der Erlebniserzählung!

Erzählkern

In Dornstetten hat offensichtlich ein sprechender Graupapagei einen oder mehrere Einbrecher verjagt. Als Herr und Frau K. am späten Abend von einer Geburtstagsparty zurückkamen, fanden sie die Haustür aufgebrochen. Sofort alarmierten sie telefonisch die Polizei. Nach Überprüfung stellten sie fest, dass nichts gestohlen worden war. Den Spuren nach zu urteilen waren der oder die Einbrecher nicht weiter als bis zum Flur in die Wohnung vorgedrungen. Die Polizei geht davon aus, dass der sprechende Papagei wie ein Wachhund die Einbrecher vertrieben hat.

Die Beantwortung der folgenden Fragen und Hinweise hilft dir, aus dieser Zeitungsmeldung eine Erlebniserzählung zu verfassen.

Diese Meldung eignet sich nicht um in der Ich-Form zu schreiben!

- Gib den Personen und dem Papagei einen Namen.
- Schreibe in wörtlicher Rede, was Herr und Frau K. gesprochen haben.
- Was berichtete Herr K. der Polizei?
- Was fragte wohl der Polizist?
- Was könnte der Papagei gesprochen haben?

Schreibe nun diese Zeitungsmeldung als Erlebniserzählung!

Die folgende Erzählung passt zum Erzählkern auf Seite 80.

In den Leerstellen fehlen Wörter und Begriffe, die das Geschehen bildhaft und anschaulich darstellen. Du kannst auch Wörter aus der Wörterliste auf Seite 83 benützen.

Heike und der rote Bus

... Wie immer stieg ich in den roten Bus ein, der mit ______________ Tür auf die Fahrgäste wartete. Ich ______________ mich, dass meine Freundin Elke nicht eingestiegen war, aber ______________ wollte sie ja den Nachmittag in Freudenstadt ______________, dachte ich.

Nach einiger Zeit merkte ich, dass wir eine andere Strecke fuhren als sonst ______________. Vielleicht muss der Fahrer eine Umleitungsstrecke fahren, weil eine Straße ______________ ist, beruhigte ich mich. Daraufhin holte ich mir mein Asterix-Heft aus der Schultasche und lehnte mich ____________ in den Sitz zurück und begann zu lesen. Es war so ____________, dass ich nichts mehr um mich herum bemerkte.

Als der Bus vor einem großen Gebäude anhielt, war mir klar, dass etwas nicht stimmen konnte. „Bahnhof Rastatt – Endstation“, ____________ der Busfahrer über die Lautsprechanlage.

„Was tun?“, fragte ich mich. Einfach sitzen bleiben war mein erster ____________. Ich fühlte mich ____________. Alle anderen Fahrgäste waren bereits ausgestiegen, als mich der Fahrer bemerkte. „Was machst du denn noch da? Willst du nicht aussteigen? Wir fahren nicht weiter!“, erklärte er. „Ich glaube, ich bin in den ____________ Bus eingestiegen“, antwortete ich ____________.

Nachdem ich ihm erklärt hatte, dass ich nach Pfalzgrafenweiler wollte, lachte er und meinte: „Das gibt es doch nicht, das ist mir in 20 Jahren noch nicht ____________.“

Da meine Eltern kein Telefon hatten, rief der Busfahrer meinen Klassenlehrer an, der mich mit seinem Auto in Rastatt abholte. Meine Eltern ____________ nicht schlecht, als mich mein Lehrer am Abend heimbrachte.

Wörterliste:

vielleicht, üblich, spannend, elend, offener, gesperrt, erklärte, kleinlaut, staunten, wunderte, Gedanke, passiert, verbringen, bequem, falschen

Die Fortsetzung einer Erzählung

Wie wir eine angefangene Erzählung sinnvoll fortsetzen

Bei der **Erzählfortsetzung** sollst du eine angefangene Erzählung so weitererzählen, dass man glauben kann, dass sie sich so ereignet haben könnte. Lies den folgenden **Anfang einer Erzählung** durch.

Erzählanfang

Schon immer hatte ich mir ein Haustier gewünscht. Meine Eltern aber befürchteten, dass unsere Nachbarn dies nicht gerne sehen würden. Endlich, zu meinem 12. Geburtstag, schenkten mir meine Eltern einen Hund.
Ich durfte ihn mir selbst im Tierheim aussuchen. Als wir die verschiedenen Hunde so betrachteten, fiel mir ein Rauhhaardackel auf, weil er mich so treuherzig anschaute. Diesen und keinen anderen wollte ich. Mein Vater war froh, dass ich mir einen kleinen Hund ausgesucht hatte.
Jede freie Minute verbrachte ich nun mit meinem Hund, den wir Waldi getauft hatten. Am Nachmittag, nachdem ich meine Hausaufgaben gemacht hatte, führte ich meinen Waldi spazieren. Da er inzwischen sehr zutraulich geworden war, nahm ich ihn nicht mehr an die Leine.
Eines Tages, als wir im Wald spazieren gingen, lief Waldi weg ...

Denke dir eine mögliche Erzählfortsetzung aus und notiere sie in Kurzform auf deinen Block.

Du kannst dir sicher vorstellen, dass es viele Möglichkeiten gibt, wie man die Geschichte weitererzählen könnte. Hier findest du nun **Beispiele**, die dir zeigen, was passiert sein könnte. Lies sie aufmerksam durch.

Beispiel 1: **Waldi hatte ein Reh gesehen und versuchte zu wildern.**

- Waldi kehrte ganz zerzaust erst am Abend zurück.
- Ein Jäger erschoss Waldi.
- Ein Förster fuhr Waldi ins Tierheim zurück.
- Die Polizei brachte Waldi zurück, da auf seinem Halsband die Adresse verzeichnet war.
- Waldi lief über eine stark befahrene Straße und verursachte einen Unfall.

Beispiel 2: **Waldi kam zurück. Ich nahm ihn an die Leine, er aber zog mich in eine bestimmte Richtung.**

- Waldi fand einen Jungen, der den Fuß gebrochen hatte. Ich ließ Waldi zurück und holte Hilfe.
- Mein Hund führte mich zu einem hohlen Baum, in dem Geld und eine Pistole versteckt waren.
- Waldi führte mich zu einer Schlinge, in der sich ein Hase gefangen hatte. Ich benachrichtigte den Förster.

Dies sind nur einige Vorschläge. Du siehst, dass es **verschiedene** Möglichkeiten gibt, eine angefangene Geschichte **sinnvoll** zu Ende zu erzählen.

Bimbo merkt sich:
Setze eine angefangene Geschichte sinnvoll fort!

- Achte darauf, dass deine Ausgestaltung sich **sinnvoll** aus dem vorgegebenen Text entwickelt!
- Erkenne, dass es verschiedene Möglichkeiten gibt die Geschichte zu Ende zu erzählen. Wähle **eine** davon aus.

Erzähle nun die angefangene Geschichte so zu Ende, wie du sie dir ausgedacht hast. Schreibe die Fortsetzungsgeschichte als lebendige und spannende Erzählung und finde eine passende Überschrift dazu.

Die Ausführung nach dem Bild zeigt dir als **Musterbeispiel**, wie man eine **Erzählfortsetzung** gestalten könnte. Das folgende Bild passt zur Einleitung.

Musteraufsatz

Ein kluger Hund

... Ich hatte einen Augenblick nicht aufgepasst und dies nützte Waldi offensichtlich aus. „Waldi hierher, komm zurück!“, rief ich. Aber Waldi rannte weiter.

Unschlüssig stand ich da und wusste nicht, was ich tun sollte. Schließlich drehte ich mich um und ging langsam Richtung Waldausgang.

Was ich kaum zu hoffen wagte, geschah! Waldi kehrte laut bellend und mit dem Schwanz wedelnd zurück. Es gelang mir nur mit viel Mühe, ihn an die Leine zu nehmen.

Als ich mich nun auf den Heimweg machen wollte, zog Waldi mit all seiner Kraft in die andere Richtung. „Was hat er nur?“, dachte ich. Schließlich ließ ich ihm seinen Willen und folgte ihm. Der Hund war so aufgeregt und lief so schnell, dass ich ihm kaum folgen konnte.

Schon waren wir wieder an der Stelle angelangt, wo Waldi weggelaufen war, da zog er mich vom Weg weg in den Wald hinein. Jetzt wurde ich neugierig. Nach geraumer Zeit führte mich mein Hund zu einer Stelle im Unterholz, wo ein Junge weinend am Boden lag. „Was ist passiert?“, fragte ich ihn. „Ein kleines Stück weiter habe ich versucht auf einen Sandstein zu klettern. Dabei bin ich ausgerutscht und heruntergefallen. Mein rechter Fuß hat mir Schmerzen bereitet, aber ich habe mich mit Mühe noch bis hierher geschleppt“, antwortete er mir schluchzend.

Sogleich fragte ich ihn nach seinem Namen und seinem Wohnort. Er erklärte mir, dass seine Eltern nicht zu Hause seien. Was war zu tun? „Wir wollen einmal versuchen, ob du gehen kannst, wenn ich dich stütze“, schlug ich vor. Wir versuchten es, aber Jürgen schrie laut auf vor Schmerz.

„Es hat keinen Sinn“, erklärte ich ihm, „ich lasse dir meinen Waldi da, damit du nicht alleine bist, während ich Hilfe hole.“ So schnell ich konnte, rannte ich in unseren Ort zurück. Meiner Mutter erzählte ich, was geschehen war und sie verständigte sofort unseren Hausarzt.

Doktor Müller holte mich an der Haustür ab und ich zeigte ihm den Weg zur Unfallstelle. Bei Jürgen angekommen, untersuchte er das Bein. Es war gebrochen. Nachdem der Arzt das Bein geschient hatte, trugen wir Jürgen zum Auto und Dr. Müller fuhr ihn ins Krankenhaus.

Waldi und ich kehrten zu Fuß heim. Unterwegs streichelte ich meinen Hund immer wieder. Ich glaube, er verstand mich, als ich ihm sagte: „Du bist ein kluger Hund.“

Bimbo-Schule

Bimbos Übungsseite

Auf dieser Seite findest du einige angefangene Erzählungen.

Erzähle sie spannend weiter und schreibe auch einen Schluss. Finde für deine Geschichte eine treffende Überschrift.

1. Erzählanfang

Unser Klassenlehrer ist bei allen Schülern sehr beliebt, weil er fast jeden Spaß versteht. Neulich, der Unterricht hatte gerade begonnen, legte Paul seine Schultasche auf den Tisch und fasste mit beiden Händen hinein. Wir alle staunten, als er eine Brieftaube aus der Tasche hervorholte ...

2. Erzählanfang

Unser letztjähriger Schulausflug führte uns nach Stuttgart in den Zoo. Nachdem wir alle gemeinsam mit unserem Lehrer den ausgeschilderten Rundgang zurückgelegt hatten, war es Mittag geworden. Herr Müller, unser Lehrer, gab uns zwei Stunden frei. Pünktlich um 14 Uhr sollten wir uns am Affengehege wieder treffen ...

3. Erzählanfang

In den letzten Sommerferien verbrachten meine Eltern und ich zwei Wochen Urlaub in Kochel am See. Mein Freund Peter durfte uns begleiten, denn seine Eltern hatten in dieser Zeit keinen Urlaub erhalten. Nachdem wir den ersten Tag im Schwimmbad verweilten, wanderten wir am zweiten Tag zum Herzogstand, einem Berg, bei dem man, so hatte unser Wirt berichtet, nicht klettern musste. Deshalb hatten meine Eltern auch nichts dagegen, dass wir beide vorauseilten ...

Kapitel 7

Tierbeschreibungen

Der Bernhardiner
Das Eichhörnchen

Lernziele

- Wesentliche Körperteile und gewisse Einzelteile eines Tieres benennen
- Die Tierbeschreibung gliedern und untergliedern lernen
- Die „Kopf-Schwanz-Richtung" bei der Tierbeschreibung als bewährtes Gliederungsschema für den Hauptteil kennen lernen
- Die typischen Verhaltensweisen eines Tieres in bestimmten Situationen darstellen lernen
- Den jeweiligen Lebensraum eines Tieres beschreiben
- Die Wahl treffender Zeitwörter und Eigenschaftswörter üben
- Unterschiedliche Möglichkeiten des Satzanfangs kennen lernen

Tierbeschreibung
Der Bernhardiner

1. Schritt Über das Tier nachdenken

Betrachte den Hund auf diesem Bild in Ruhe.

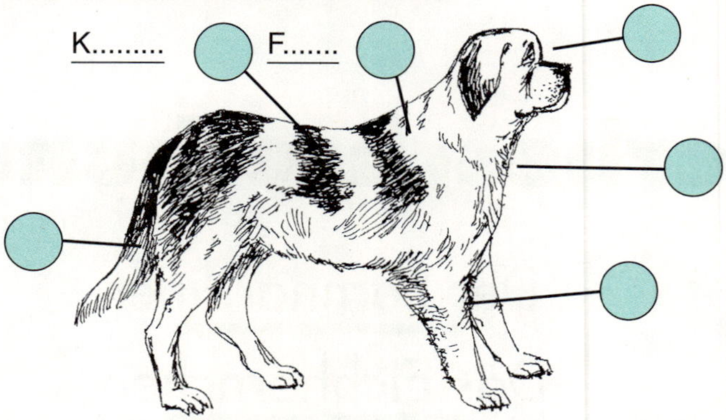

Trage die sechs **wesentlichen Körperteile** des Hundes in die Leerzeilen ein. Diese Hinweise erleichtern dir die Arbeit.

- Schnauze, Augen und Ohren gehören zu ihm. (1) ______________________
- Er ist ein Verbindungsstück. (2) ______________________
- Beim Mops ist er dick, beim Windhund schlank. (3) ______________________
- Beim Dackel sind sie kurz und krumm. (4) ______________________
- Mit ihm wedelt er, wenn er sich freut. (5) ______________________
- Es umgibt den ganzen Körper. (6) ______________________

Schreibe nun die in Klammern angegebenen Zahlen in die entsprechenden Kreise am Bild.

Seite: 91
Nr.: 1

Du kennst jetzt die Bezeichnungen für verschiedene Körperteile eines Hundes.

Betrachte nun die drei folgenden Zeichnungen und ergänze danach die Leerstellen in den unvollständigen Sätzen.

a) Der Kopf hat eine ______________________ ,

zwei ______________________ und zwei

______________________ .

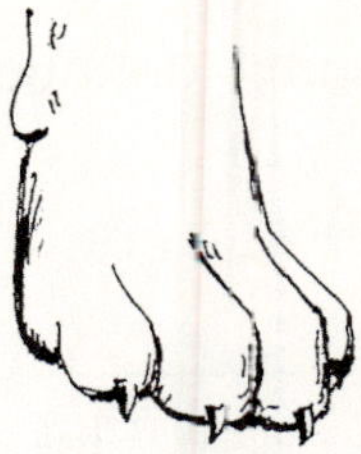

Hinterpfote

b) Die Pfote hat vier ____________

mit ____________ und fünf

____________.

c) Gelegentlich kommt es vor, dass der Hund seine Zähne fletscht. In diesem Fall kann auch sein Gebiss beschrieben werden.

Der Bernhardiner reißt sein Maul

auf. Deutlich sind seine

vier ____________

zu erkennen und die

vorderen ____________. Weit

hinten sitzen die Reißzähne des

____________ und des ____________. Die rötliche ____________

hängt seitlich aus dem Maul.

Vergleiche deine Einträge der Reihe nach mit den Begriffen dieser Wörterliste.

Wörterliste:

Schnauze, Augen, Ohren – Zehen, Krallen, Ballen – Eckzähne, Schneidezähne, Oberkiefer, Unterkiefer, Zunge

Du hast schon ordentlich gearbeitet, wenn möglichst viele deiner Einträge mit den Wörtern obiger Liste übereinstimmen.

Einzelne Körperteile können noch untergliedert und somit genauer beschrieben werden.
In diese Tabelle haben sich einige Fehler eingeschlichen.

Ordne den Körperteilen die entsprechenden Einzelteile richtig zu. Arbeite dazu auf dem Block.

Körperteil	Einzelteile
Kopf	Bauch, Knie, Quaste
Hals	Auge, Schulter, Wirbelsäule
Körper	Haar, Maul, Vorderbeine
Beine	Brustkorb, Nacken, Ohr
Schwanz	Hinterbeine, Oberschenkel, Rücken
Fell	Stirn, Unterschenkel, Zunge

Seite: 9
Nr.: 3

Du siehst, es ist entscheidend, die wichtigsten Körperteile zu benennen und darüber hinaus auch die Einzelteile richtig zuzuordnen.

Bimbo merkt sich:
So beschreibst du ein Tier:
- Bezeichne die **wesentlichen Körperteile**, z. B. Kopf, Körper.
- Benenne auch **Einzelteile**, z. B. Pfote: Zehen, Krallen, Ballen.

Den Hauptteil gliedern **Teilschritt 1**

Willst oder musst du ein Tier beschreiben, sollst du eine bestimmte Reihenfolge einhalten.

Finde die Reihenfolge innerhalb einer Tierbeschreibung an diesem Lückentext heraus.

Am **Kopf** hat der Bernhardiner eine ____________________, zwei ______________ und zwei ______________. Der ______________ verbindet den ______________ mit dem Kopf.

Der **Rumpf** des Tieres ruht auf vier stämmigen ______________. Ein typisches Kennzeichen dieses Hundes ist der buschige ____________.

Trage nun jedes Wort dieser Wörterliste an der richtigen Stelle in den Lückentext ein.

Wörterliste:

Augen, Beine, Hals, Ohren, Rumpf, Schnauze, Schwanz

Unterstreiche nun die von dir eingetragenen Körperteile.

Die dick gedruckten und unterstrichenen Wörter geben dir Auskunft darüber, in welcher Reihenfolge du im Hauptteil einer Tierbeschreibung vorgehen sollst.

Beim **Hauptteil** einer Tierbeschreibung hält man folgende Reihenfolge ein:
Kopf ➔ Hals ➔ Rumpf ➔ Beine ➔ **Schwanz**
Wir sagen deshalb: „Man beschreibt ein Tier in **Kopf-Schwanz-Richtung**."

Teilschritt 2 Die Gliederung vervollständigen

Vor dem Hauptteil der Tierbeschreibung, dessen Gliederung du eben kennen gelernt hast, steht die **Einleitung**. Sie führt durch allgemeine Hinweise zur Beschreibung des jeweiligen Tieres hin.

Lies folgendes Beispiel einer Einleitung genau durch.

Bernhardiner sind als Rettungshunde bekannt. Sie können verirrte Wanderer in den Bergen finden. Um den Hals tragen die Bernhardiner dabei oft ein Fässchen mit einem Getränk, damit der Verirrte nicht verdurstet. Vom Wuchs her eignen sich diese Hunde für so eine Aufgabe recht gut.

Schreibe mit Hilfe der folgenden Wörter und des Bildes eine ähnliche Einleitung. Sie soll ebenfalls zum Thema hinführen.

Bernhardiner – Lawine – Verschüttete – Rettung – gute Nase – Wuchs

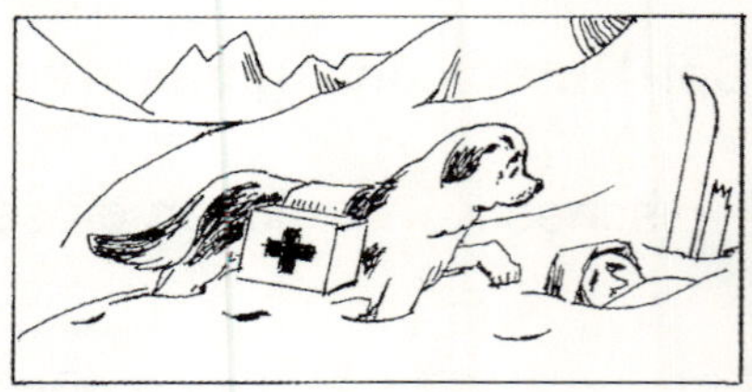

Eine **Tierbeschreibung** kann man so **gliedern**:

I. Einleitung

II. Hauptteil

1. Kopf – Schnauze, Augen, Ohren
2. Hals
3. Rumpf
4. Beine – Pfoten, Zehen, Krallen, Ballen
5. Schwanz

III. Schluss

Wie man eine Einleitung schreiben kann und wie man den Hauptteil gliedert, hast du eben gelernt. Nun geht es um einen geeigneten **Schluss**.
Eine Möglichkeit besteht darin, den Einleitungsgedanken (der Bernhardiner als Rettungshund) noch einmal kurz aufzugreifen. Abschließend wird ein charakteristisches Kennzeichen des Tieres knapp herausgestellt.
Der folgende Schluss knüpft an das Musterbeispiel der Einleitung an. Dort wurde festgehalten, dass der Bernhardiner verirrte Menschen im Gebirge findet. Demnach könnte der **Schluss** so lauten:

Der Bernhardiner wird oft als Suchhund eingesetzt. Aber er findet nicht nur verirrte Menschen. Er ist allen ein guter Freund. Besonders bei Kindern ist dieser große, tapsige, freundliche Hund mit dem traurigen Blick sehr beliebt.

Schreibe mit Hilfe der Wörter: „Lawine – Kinder – Spiel – zottiges Fell“ einen ähnlichen Schluss.

Seite: 9
Nr.: 6

Der Schluss greift deinen Einleitungsgedanken (Lawinensuchhund) auf und rundet die Tierbeschreibung ab.

Bimbo merkt sich:
Achte beim Erstellen deiner Gliederung auf diese Punkte:

- Gliedere den **Hauptteil** in der **„Kopf-Schwanz-Richtung“**.
- Ein **Einleitungs**gedanke **führt** zur Tierbeschreibung hin.
- Der **Schluss knüpft** an den Einleitungsgedanken **an**. Zusätzlich wird das Tier **abschließend** in seinem Wesen näher beschrieben.

Treffende Ausdrücke finden — 3. Schritt

Fachausdrücke benutzen — Teilschritt 1

Sieh dir dieses Bild mit seinen Fachausdrücken genau an.

Lies die folgenden Sätze auf Seite 96 und ersetze die dick gedruckten Wörter beim Abschreiben des Textes durch solche aus der Zeichnung. Achte auf Veränderungen bei einigen Wörtern.

Am Kopf hat der Bernhardiner ein großes **Maul** mit breiten **Lippen**.
Die **Hinterbeine** sind kräftiger als die **Vorderbeine**.
Das Fell ist an der **Bauchseite** recht zottig.
Freut sich der Bernhardiner, wedelt er mit dem **Schwanz**.

Beschreibst du ein Tier, so reichen manchmal die einfachen Bezeichnungen wie **Maul, Beine** und **Schwanz** nicht aus. Du sollst diese Wörter dann möglichst durch **Fachausdrücke** wie **Schnauze, Läufe** und **Rute** ersetzen. Dies sorgt außerdem für Abwechslung in der Ausdrucksweise.

In jedem dieser Kreise befinden sich zwei Fachbegriffe, die nicht zur Beschreibung eines Hundes taugen. Streiche diese Begriffe durch.

Stute
Haustier
Rüssel
Gebell

Euter
Zehengänger
Wiederkäuer
Fleischfresser

Spürnase
Eckzähne
Stoßzähne
Pflanzenfresser

Huftier
Säugetier
Nachttier
Wachhund

Rute
Spürsinn
Horn
Spiegel

Teilschritt 2 Eigenschaftswörter kennzeichnen Größe, Farbe und Form

Lies diese Zusammenstellung genau durch.

Der Kopf
breit, dick, wuchtig, groß, rund, bullig ______

Der Hals
schlank, lang, kurz, wulstig, breit, dünn ______

Der Rumpf
gedrungen, knochig, länglich, schmal, rund ______

Die Beine
lang, knochig, fett, behaart, kräftig ______

Der Schwanz
gestutzt, buschig, hängend, kurz, breit ____________________

Das Fell
braun, gesprenkelt, zottig, struppig ____________________

Die Augen
blau, braun, hervorquellend, traurig, sanft ____________________

Die Ohren
lang, kurz, spitz, hängend, abgerundet ____________________

Die Schnauze
spitz, platt, schmal, breit, länglich ____________________

Trage in obige Leerzeilen zu jedem Körperteil mindestens ein weiteres Eigenschaftswort ein. Das hilft dir, um Hunde verschiedener Rassen noch genauer beschreiben zu können.

Mit Hilfe von treffenden Eigenschaftswörtern können **Größe, Farbe** und **Form** von Tieren genauer beschrieben werden.

Lies den folgenden Text durch.

Am ____________ Kopf hat der Hund eine Schnauze, zwei Ohren und zwei Augen. Der ____________ Hals verbindet den Kopf mit dem Rumpf. Der Bernhardiner hat einen ____________ Rumpf. Die vier Beine sind am Körper ____________ und bei den Füßen ____________. Am Ende des Rumpfes hängt der Schwanz herunter. Der Bernhardiner hat ein ____________ Fell mit ____________ Flecken.

Setze nun in die Leerstellen solche **Eigenschaftswörter**, die auf den **Bernhardiner** zutreffen.

Sicher hast du gemerkt, dass die Beschreibung besser wird, wenn man ein Hauptwort jeweils durch ein Eigenschaftswort näher kennzeichnen kann. Manchmal reicht ein Eigenschaftswort alleine nicht aus um etwas genau zu beschreiben. Die folgenden Beispiele zeigen dir, was du mit Eigenschaftswörtern machen darfst und was du unterlassen sollst.

Hier findest du drei **falsche Beispiele**:	Diese **Beispiele** sind **richtig**:
Am wuchtigen, zarten Kopf ...	Am kleinen, zarten Kopf ...
Am dünnen, plumpen Kopf ...	Am großen, plumpen Kopf ...
Am schmalen, klotzigen Kopf ...	Am schmalen, feinen Kopf ...

Ersetze in der folgenden Tabelle **eines** der beiden Eigenschaftswörter so durch ein **neues**, dass es zum anderen Eigenschaftswort und zum Hauptwort passt.

Der feine, bullige Kopf ...	Der feine, ______________ Kopf.
	Der ______________ , bullige Kopf.
Ein schlanker, fetter Hals ...	______________________
Der plumpe, schmale Körper ...	______________________
Schwache, kräftige Beine ...	______________________
Der glatte, buschige Schwanz ...	______________________

Zur genaueren Beschreibung eines Hauptwortes kann man auch **zwei passende** Eigenschaftswörter verwenden.

Seite: 10
Nr.: 11

Bimbo merkt sich:
So wird deine Tierbeschreibung treffender!

- Verwende nach Möglichkeit **Fachausdrücke** z. B. Lippen → Lefzen.
- Beschreibe die Körperteile durch **treffende Eigenschaftswörter** genauer, z. B. das Fell → das dichte Fell.
- Verwende vor einem Hauptwort ab und zu auch mehrere Eigenschaftswörter nacheinander, z. B. das dichte Fell → das dichte, kurze Fell.

Abwechslung in der Ausdrucksweise 4. Schritt

Treffende Zeitwörter verwenden Teilschritt 1

Lies diesen Text durch.

Am großen, rundlichen Kopf hat der Bernhardiner eine breite Schnauze. Zwei traurige Augen sind am Kopf. Der Hund hat zwei mittelgroße, abgerundete Ohren. Ein kräftiger Hals ist das Verbindungsstück zwischen dem kantigen Kopf und dem stämmigen Körper. Der Hund hat vier kräftige, fleischige Beine, davon sind die vorderen breiter als die hinteren. Einen kräftigen, buschigen Schwanz hat der Bernhardiner auch. Schließlich hat das Tier ein weißliches Fell, das braune Flecken hat.

Unterstreiche die Wörter „hat, ist, sind“ im Text.

Sicherlich hast du erkannt, dass diese Wörter im Text viel zu oft vorkommen. Es muss für Abwechslung gesorgt werden.

Schreibe den Text neu und ersetze dabei die gerade unterstrichenen Wörter durch die Zeitwörter der folgenden Wörterliste.

Wörterliste:

besitzt – befinden sich – trägt – stellt ... dar – wird ... getragen – besitzt – befinden sich

Satzanfänge wechseln Teilschritt 2

Im folgenden Text beginnen alle Sätze mit Begleitern, was langweilig wirkt. Wechsle deshalb bei den Satzanfängen ab.

Schreibe folgenden Text von Seite 100 neu und vermeide „der, die, das“ am Satzanfang, so oft es dir möglich ist. Nachstehende Satzanfänge helfen dir dabei.

Satzanfänge:

Am ... – Zwei ... – Ein ... – Unser ... – Dabei sind die ... – Sein ...
Achte auf kleine Veränderungen bei manchen Wörtern.

Der Kopf des Bernhardiners hat eine große, breite Schnauze. **Die** traurigen Augen werden zum Teil von den mittelgroßen, herabhängenden Ohren verdeckt. **Der** kräftige Hals verbindet den kantigen Kopf mit dem stämmigen Körper. **Der** Hund hat vier kräftige, fleischige Beine. **Die** vorderen Beine sind muskulöser als die hinteren. **Der** starke, unten buschige Schwanz schwingt an seinem Ende leicht nach oben.

Bestimmt hast du schon von Texten gehört oder sie gelesen, in denen „**und dann ... und dann ... und dann**“ immer wieder auftaucht.

Dies ist so ein Text.

Der Bernhardiner hat einen großen, kantigen Kopf und dann kommt sein kräftiger Hals. Und dann ist da noch sein gedrungener Körper. Die Vorderläufe sind stämmig und dann ist da aber noch die Hinterhand. Und dann hängt schließlich der Schwanz herab.

Gestalte diesen Text im Ausdruck abwechslungsreich. Schreibe ihn um. Beim neuen Text darf „und dann“ nicht mehr vorkommen.

Oftmals wird deine Ausdrucksweise abwechslungsreicher, wenn du die Sätze deiner Tierbeschreibung umstellst.
Das folgende Beispiel zeigt dir das:
Der Bernhardiner ist uns **als** großer, starker Lawinenhund bekannt.
Als großer, starker Lawinenhund ist uns der Bernhardiner bekannt.

Setze die dick gedruckten Wörter des folgenden Textes auf Seite 101 an den Satzanfang und baue dann den Satz um. Der Sinn soll dabei erhalten bleiben.

Der Bernhardiner ist uns **als** großer, starker Lawinensuchhund bekannt. Die breite, rundliche Schnauze kennzeichnet das Tier **am** Kopf. Der treue, traurige Blick aus den großen, braunen Augen spricht **uns** Menschen an. Die mittelgroßen, rundlichen Ohren hängen seitlich **locker** herunter und bedecken einen Teil des Halses. Der stämmige und wuchtige Rumpf wird durch **diesen** kräftigen, kurzen Hals mit dem Kopf verbunden. Der Körper schwingt **hinten** in Schwanz und Hinterhand aus. Das weißlich braun gescheckte Fell umgibt **den** Hund.

Seite: 11
Nr.: 15

Bimbo merkt sich:

Auf diese Weise sorgst du für Abwechslung im Ausdruck:

- Wähle **treffende Zeitwörter.**
- **Wechsle** bei den **Satzanfängen.**
- **Baue** manche **Sätze** um.

Musteraufsatz
Beschreibung eines Tieres
Der Bernhardiner

Thema

Einleitung

Der Bernardiner ist jedem als großer, starker Lawinensuchhund bekannt.

Hauptteil

Kopf

Eigenschaftswörter

Hals

Rumpf

Am Kopf des schweren Hundes fällt die abgerundete, dicke Schnauze mit ihren breiten Lefzen sofort auf. Mit seinen großen, braunen, traurig blickenden Augen schaut er die Menschen seiner Umgebung treu an. Dabei stören ihn die mittelgroßen, gerundeten Ohren nicht, die hinten am Kopf locker herunterhängen. Der kräftige, kurze Hals verbindet den fast viereckigen Kopf mit dem stämmigen, wuchtigen Rumpf.

Beine

gute Fachbegriffe für Körper- und Einzelteile

Die langen Beine des Tieres sind am Bauch füllig und laufen nach unten hin in kraftvolle Pfoten aus. Ihre Zehen besitzen stumpfe, nicht einziehbare

Krallen und gepolsterte Ballen. Deshalb läuft sich der Bernhardiner auch bei langen Märschen durch unebenes und steiniges Gelände die Füße nicht wund. Die weniger behaarte Hinterhand erscheint ein Stück breiter und fleischiger als die Vorderläufe mit ihrem starken Haarwuchs.

Schwanz

Eine starke, buschige Rute baumelt am hinteren Ende des Rumpfes herab und läuft leicht nach oben geschwungen aus.

Fell

Der zweifarbige Hund besitzt ein weißliches, langes, dichtes und zottiges Fell mit großen, braunen Flecken.

Schluss
überall abwechselnde Satzanfänge

Mit gemütlichen, tapsigen Schritten bewegt sich der Bernhardiner langsam, aber zielstrebig fort. Viele Kinder können deshalb gar nicht glauben, dass dieses Tier, mit dem sie gerne spielen, als Suchhund bei Lawinenunfällen die Opfer wegen seines guten Geruchssinns erfolgreich aufspüren kann.

Schreibe mit Hilfe des Bildes auf Seite 90 eine **Tierbeschreibung** mit dem Thema **„Der Bernhardiner“**. Die Zeitform für die Beschreibung ist die **Gegenwart**.

Erweiterte Tierbeschreibung

Das Eichhörnchen

Aussehen und besondere Merkmale des Tieres beschreiben — 1. Schritt

Aussehen des Tieres — Teilschritt 1

Bisher hast du gelernt, wie man das **Aussehen** eines Tieres beschreibt. Dabei hast du folgende Hinweise und Regeln beachtet.

Du hast

- dir Gedanken zum Tier gemacht und die wesentlichen Körperteile bezeichnet,
- eine Gliederung festgelegt. Bei ihr führt die Einleitung zum Tier hin, der Hauptteil ist in Kopf-Schwanz-Richtung gegliedert und der Schluss ist auf die Einleitung abgestimmt,
- treffende Eigenschaftswörter und passende Zeitwörter gefunden,
- Abwechslung in die Ausdrucksweise gebracht, zum Beispiel durch verschiedene Satzanfänge und abwechslungsreiche Wortwahl.

Stelle dir ein Eichhörnchen vor.
Beschreibe sein Aussehen, indem du die folgenden Stichpunkte richtig in die Tabelle einträgst.

Stichpunkte:
breit, buschig, körperlang, schräg nach oben gestellt, zart, oval, Nagezähne, Schnurrhaare, schlank, dicht behaart, Vorderpfoten, dicht, geschmeidig, bräunlich rot, Hinterläufe, verschieden lang

Kopf	____________________
	____________________
Körper	____________________
	____________________
Schwanz	____________________
	____________________
Fell	____________________

Seite: Nr.: 11 16

Bei diesen Notizen zum Aussehen eines Eichhörnchens hat Max einige Dinge nicht richtig aufgeschrieben.
Das große, behäbige Tier – der wuchtige, eckige Kopf – das rechteckige Maul mit seinen stumpfen Nagezähnen – die schlaffen Schnurrhaare – die herabhängenden Ohren – der kurze, dürre Schwanz – das dünne, störrische Fell

Schreibe die Notizen neu und verwende dabei treffende Eigenschaftswörter. Nimm solche, die das Gegenteil der genannten aussagen.

Seite: 11
Nr: 17

Durch verschiedene Wörter kannst du für Abwechslung beim Ausdruck sorgen.

Formuliere jeden Satz neu und verwende dabei als Satzanfang das jeweils in Klammern angegebene Wort.

1. Das zierliche, flinke Tier tummelt sich auf Bäumen. (Meistens)
2. Die steifen Schnurrhaare stehen seitlich beidseitig ab. (Darunter)
3. Die steil nach oben stehenden Ohren fallen am Kopf auf. (Besonders)
4. Der kurze Hals verbindet den feinen Kopf mit dem schlanken Körper. (Ein)
5. Die Hinterläufe des Tieres haben kräftige, knochige Unterschenkel. (Beide)
6. Der körperlange, buschige Schwanz steuert den Flug und die Landung. (Dabei)

Teilschritt 2 Sichtbares Verhalten des Tieres

Neben dem Aussehen ist bei einer erweiterten Tierbeschreibung auch das **sichtbare Verhalten** wichtig.

Unterstreiche in den folgenden Aussagen die Begriffe, die das sichtbare Verhalten und die jeweilige Situation verdeutlichen.

1. Beim Sitzen kann das Nagetier seine Vorderbeine abwinkeln.
2. Mit den Krallen kann das Eichhörnchen beim Fressen die Nahrung festhalten.

3. Frisst das Tier einen Zapfen, nagt es dessen Schuppen an.
4. Springt das Tierchen an den Baumstamm, krallt es sich an der Rinde fest.
5. Beim Laufen stellt das Tier den buschigen Schwanz nach oben.

Kennzeichne folgende Sätze mit einem Kreuz (X), wenn es um das Aussehen des Tieres geht oder mit einen Kreis (O), wenn es um das sichtbare Verhalten geht.

- ☐ 1. Über dem rundlichen Maul befindet sich eine kurze Nase.
- ☐ 2. Im Wipfel turnt es auf Ästen und Zweigen umher.
- ☐ 3. In Stirnhöhe sitzen die großen, braunen, leicht hervorgewölbten Augen.
- ☐ 4. Nach dem Fressen lässt das Tier den abgenagten Zapfen fallen.
- ☐ 5. Das Eichhörnchen klettert mit dem Kopf voran den Stamm hinauf oder hinunter.
- ☐ 6. Auf der Bauchseite hat das Tierchen ein weißliches Fell.

Umfeld des Tieres — Teilschritt 3

Zu einer erweiterten Tierbeschreibung kann auch das **Umfeld** gehören, in dem du das Tier antriffst.

Streiche in dieser Liste alle Begriffe, die normalerweise nicht zum Umfeld des Eichhörnchens gehören.

Wald – Park – Käfig – Baum – Rasen – Landstraße – Wohnung – Ast – Wipfel – Tierhandlung – Baumstamm – Seeufer – Waldboden – Zweig – Hausdach – Baumkrone

Setze nun jeweils eines der übrig gebliebenen Wörter in den folgenden Lückentext.

Eichhörnchen treffen wir meistens auf ____________________ im ____________ oder in einem der städtischen ____________. Oft springt das Tier vom grünen ________________________ an den ____________________. An ihm klettert es in Windeseile zum ____________. Oben, in der ____________, turnt es herum und springt von ________________ zu ____________________. Besondere Aufmerksamkeit verdienen die weiten Sprünge vom ________ auf den weichen ____________________.

Seite: 11
Nr.: 21

Betrachte das folgende Bild und schreibe eine erweiterte Tierbeschreibung zum Thema: „Das Eichhörnchen“.

abreißen • Ast • beißen • Baum • Zweig •
schneiden • Wipfel • nagen

Baumkrone • fressen • Geäst • greifen • Rinde •
lecken • Stamm • festhalten

Vergleiche und verbessere nun deine Arbeit anhand des Musteraufsatzes.

Musteraufsatz
Erweiterte Beschreibung eines Tieres

Das Eichhörnchen

	Thema
Alle Kinder kennen das Eichhörnchen und freuen sich, wenn sie es beobachten können.	**Einleitung**
Meistens tummelt sich das zierliche, flinke Tier auf Bäumen im Wald oder in einem Park. Der zarte, ovale Kopf ist recht auffällig. Über dem rundlichen Maul mit seinen spitzen Nagezähnen befindet sich eine kurze Nase. Darunter stehen seitlich beidseitig steife Schnurrhaare ab. In Stirnhöhe sitzt auf jeder Seite eines der beiden großen, braunen, leicht hervorgewölbten Augen.	**Hauptteil** genaue Beobachtung
Besonders fallen am Kopf die steil nach oben stehenden Ohren auf, denn sie tragen an ihren Spitzen pinselartige Haarbüschel.	Eigenschaften gut genannt
Ein kurzer Hals verbindet den feinen Kopf mit dem schlanken Körper. Sitzt das Nagetier, können die Vorderbeine abgewinkelt werden. Jede der beiden Vorderpfoten mit ihren vier beweglichen und gelenkigen Krallen dient als Hand. Beim Fressen ergreift das Eichhörnchen seine Nahrung damit und hält sie fest. Frisst das Tier einen Zapfen, nagt es dessen Schuppen an und beißt sie mit seinen scharfen, meißelförmigen Schneidezähnen ab. Dann lässt es den bis zur Spindel abgenagten Zapfen fallen.	Körperteile Fressverhalten passende Zeitwörter
Beide Hinterläufe des Eichhörnchens haben kräftige, dicht behaarte, knochige Unterschenkel. Sie enden in breiten, flachen Pfoten. An ihren fünf Zehen befinden sich scharfe, sichelförmige Krallen. Sie sorgen für einen sicheren Halt, wenn das Eichhörnchen mit dem Kopf voran die Baumstämme hinunter- oder hinaufklettert.	wechselnde Satzanfänge

Häufig springt das Eichhörnchen an den Baumstamm, krallt sich an der Rinde fest und saust hinauf bis in die Baumkrone. Im Wipfel turnt es dann auf Ästen und Zweigen umher. Plötzlich springt es ohne Anlauf fast fünf Meter weit auf Nachbarbäume. Dabei steuert der körperlange, buschige Schwanz erst den Flug und dann die Landung. Läuft das Eichhörnchen danach gleich weiter, stellt es sofort den breiten, buschigen Schwanz schräg nach oben, damit es sein Gleichgewicht halten kann. Unser Eichhörnchen besitzt ein dichtes, geschmeidiges Fell, das abgesehen vom Bauch bräunlich rot gefärbt ist. Auf der Bauchseite hat das Tierchen ein weißliches Fell.

Viele Kinder, die das Eichhörnchen beobachten, staunen darüber, was es so alles kann: klettern, balancieren, turnen, tanzen, vor allem aber waghalsig und weit springen.

Beschreibung des Umfeldes

vielfältiger Satzbau

hilfreiche Erläuterung

Eigenschaftswörter gut aneinander gereiht

Schluss
greift Einleitung auf

Kapitel 8

Berichte

Ein Fahrradunfall
Ein Autounfall

Lernziele

- Die W-Fragen erarbeiten und anwenden
- Ein Unfallgeschehen gliedern können
- Wissen, was nicht in einen Bericht gehört
- In Stichpunkten berichten können
- Die Stichpunktsammlung überarbeiten und erweitern
- In ganzen Sätzen wahr und hinreichend genau berichten
- Einen Bericht sinnvoll gestalten können

Bericht
Ein Fahrradunfall

1. Schritt Den Vorfall genau darstellen

Betrachte diesen zeichnerisch dargestellten **Verkehrsunfall**.

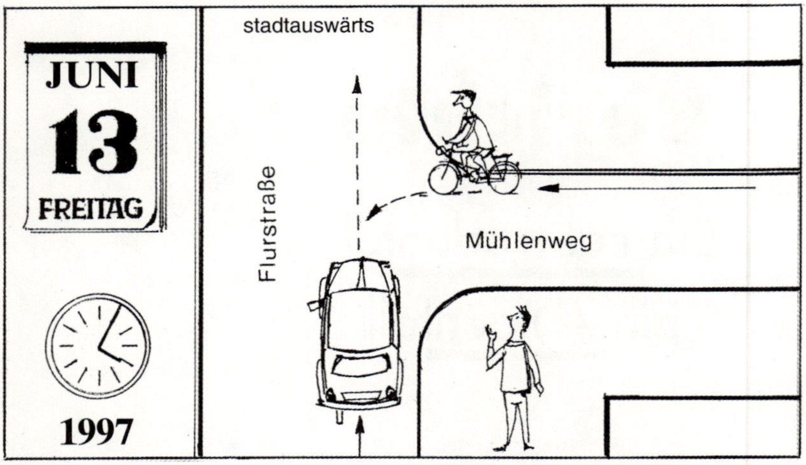

Schreibe ein paar Punkte auf, die dir wichtig erscheinen.

Lies jetzt den folgenden **Bericht** von Harald.

An der Einmündung des Mühlenweges in die Flurstraße kam es zu einem Verkehrsunfall, den ich vom Gehsteig aus beobachten konnte. Der Unfall ereignete sich am Freitag, den 13. Juni 1997, kurz nach 16.00 Uhr.
Ein etwa 10-jähriger Junge fuhr mit seinem Fahrrad vorschriftsmäßig auf der rechten Straßenseite des Mühlenweges und wollte nach links in die Flurstraße einbiegen. Zur gleichen Zeit fuhr der Autofahrer auf der Flurstraße stadtauswärts und näherte sich der Straßeneinmündung Mühlenweg. Dort galt die Vorfahrtsregel: rechts vor links. Beide Verkehrsteilnehmer konnten nicht mehr rechtzeitig bremsen. Es kam zu einem Zusammenstoß. Am Auto entstand nur ein geringer Schaden, doch das Fahrrad war total beschädigt. Während der Autofahrer unverletzt blieb, erlitt der Bub eine Knieverletzung. Die herbeigerufene Polizei nahm den Unfall auf. Mit dem Krankenwagen wurde der verletzte Radfahrer ins nahe gelegene Krankenhaus gefahren.

Beantworte nun mit Hilfe des Bildes und des dazugehörenden Textes auf Seite 110 diese 5 Fragen schriftlich in ganzen Sätzen.

1. Wann geschah der Unfall?

2. Wo geschah der Zusammenstoß?

3. Wer war am Zusammenstoß beteiligt?

4. Was war am Unfallort passiert?

5. Wie, auf welche Weise kam es zum Unfall?

Gerade hast du zwei wichtige Arbeiten im Hinblick auf einen Unfallbericht erledigt. Du hast
- die 5 W-Fragen kennen gelernt und mit ihrer Hilfe
- wichtige Tatsachen zum Unfallgeschehen herausgefunden.

Schreibe einen Bericht mit Hilfe der **5 W-Fragen**.

Wann? – Wo? – Wer? – Was? – Wie?

Diese Fragewörter sorgen dafür, dass der Bericht alle wesentlichen Informationen zum Unfall in knapper Form enthält. Schreibst du die Antworten sachlich wahr und vor allem in der richtigen Reihenfolge auf, bist du dem Unfallbericht schon sehr nahe.

Bimbo merkt sich:
So stellst du einen Unfall genau dar!
- **Zeichne** den Sachverhalt so gut wie möglich.
- Stelle die **5 W-Fragen** zum Unfall.
- Beantworte die 5 W-Fragen **wahr**, das heißt den **Tatsachen** entsprechend.
- Schreibe die wesentlichen Dinge **knapp** und **sachlich** auf.

2. Schritt Was nicht in einen Bericht gehört

Evi hat einen Bericht zum Thema „Fahrradunfall“ geschrieben. Daraus wurde der folgende Abschnitt entnommen. Lies ihn in Ruhe genau durch.

... Der Radfahrer fuhr vorschriftsmäßig auf der rechten Straßenseite des Mühlenweges. Laut lachend gingen zwei Mädchen auf dem Gehweg spazieren. „Hmm, schmeckt das Eis gut!“, meinte Inge. Der Radfahrer wollte nach links in die Flurstraße einbiegen. Er dachte sich dabei: „Hoffentlich hält der Pkw-Fahrer, denn ich habe die Vorfahrt!“ An der Einmündung des Mühlenweges in die Flurstraße kam es dann zum Unfall. Das Auto und das Fahrrad stießen zusammen. „Vermutlich ist der Autofahrer betrunken gewesen“, meinte ein Passant. Am Auto entstand geringer Blechschaden, das Fahrrad war total beschädigt. ...

Der Abschnitt des Berichts enthält **einige Mängel**.

Schreibe ein paar Mängel auf.

Unterstreiche im Text oben alle Stellen, die Gefühle, Ausschmückungen, Meinungen und Vermutungen enthalten.

Bei den markierten Textstellen handelt es sich um solche, die in einem Bericht nichts zu suchen haben.

Vergleiche die unterstrichenen Stellen des Textes mit den von dir aufgeschriebenen Mängeln und notiere die Unterschiede.

Du hast sehr ordentlich gearbeitet, wenn die aufgeschriebenen und die unterstrichenen Aussagen übereinstimmen.

Bimbo merkt sich:
Das darf ein Bericht nicht enthalten!
- **Gefühle** und unwichtige **Ausschmückungen**
- **Meinungen** und **Vermutungen**
- **wörtliche Rede**

Die 5 W-Fragen sorgen einerseits dafür, dass man alle wesentlichen Informationen zum Unfall erhält und andererseits dafür, dass der Hauptteil vernünftig geordnet wird.

Schreibe zu jedem genannten Gliederungspunkt die richtige W-Frage auf.

1. Freitag, 13. Juni 1997
2. Einmündung: Flurstraße/Mühlenweg
3. Autofahrer und Fahrradfahrer
4. Verkehrsunfall: Zusammenstoß
   - Auto vorne links leicht beschädigt
   - Fahrrad total beschädigt
5. Fahrzeuge fuhren gleichzeitig in die Kreuzung ein
   - Radfahrer: Handzeichen links
   - Radfahrer: erst rechts, dann links geschaut
   - Autofahrer: gab Gas
   - Autofahrer: hupte mehrmals
   - Radfahrer und Autofahrer: zu spät gebremst – Crash

Seite: 12 Nr.: 3

Bei oben stehender Gliederung fehlen noch **Einleitung** und **Schluss**. Die **Einleitung** führt in wenigen Sätzen zum Vorfall hin und klärt dabei gleichzeitig den Standort des berichtenden Beobachters.

Formuliere mit diesen Stichpunkten jeweils eine brauchbare Einleitung.

a) Schule aus – Heimweg – Unfall

____

____

b) Balkon – schauen, ob Hanna schon kommt – da

____

____

Seite: 12 Nr.: 4

Der **Schluss** rundet den Vorfall in wenigen Sätzen rückblickend ab.

Formuliere mit diesen Stichpunkten jeweils einen brauchbaren Schluss.

a) Anwohnerin – Polizei – Unfallaufnahme

b) Unfallgegner schnell einig – Weiterfahrt

In manchen Fällen kommt man durch die Frage: „Welche Folgen hatte der Vorfall?“ zu einem ordentlichen Schluss.

Schreibe den hier ausgeführten Schluss jeweils in Stichpunkten auf.

Der Junge lehnte sein total kaputtes Fahrrad an die Hauswand und setzte seinen Weg zu Fuß fort.

Das Mädchen weinte nach dem Sturz und fuhr sich abwechselnd mit der Zunge und dem Daumen der linken Hand über den abgebrochenen Schneidezahn.

Bimbo merkt sich:
Achte beim Erarbeiten deiner Gliederung auf diese Punkte!

- Die **Einleitung** führt zum Unfall hin. Der Schreiber zeigt z. B. seinen Standort an.
- Der **Hauptteil** wird nach den **5 W-Fragen** gegliedert.
- Der **Schluss rundet** den Bericht **ab**, z. B. durch einen Rückblick oder die Darstellung der Folgen.

Folgende Einleitung enthält **keine Zeitwörter**.

Setze von den in Klammern angegebenen Zeitwörtern jeweils die in die Leerstellen ein, die am besten passen. Wähle als Zeitform die 1. Vergangenheit.

Einleitung:

Die Schule ____________ aus. Auf dem Nachhauseweg ________________ ich einen Verkehrsunfall.

(sein, sehen, beobachten, bemerken)

Auch der erste Abschnitt des Hauptteils enthält keine Zeitwörter.

Setze von den vier in Klammern angegebenen Zeitwörtern die jeweils geeignetsten in der Zeitform der 1. Vergangenheit ein.

Hauptteil, Abschnitt 1:

Am Freitag, den 13. Juni 1997, ________________ an der Einmündung des Mühlenweges in die Flurstraße ein Verkehrsunfall. Ein Auto ________________ mit einem Fahrrad ________________ .

(zusammenstoßen, sich ereignen, zusammenprallen, geschehen)

Die folgenden beiden Abschnitte des Hauptteils enthalten **keine Eigenschafts- bzw. Zeitwörter**.

Setze in die Lücken jeweils eines der paarweise in Klammern angegebenen Wörter ein. Zeitform: 1. Vergangenheit.

Hauptteil, Abschnitt 2:

Im ________________ Mühlenweg zeigte der Fahrradfahrer mit der ________________ Hand an, dass er nach ____________________ in die ________________ Flurstraße einbiegen wollte. Dort angekommen,

schaute der Radfahrer erst nach ________________ und dann nach ________________. Da von dort nichts kam, bog er ________________ in die Flurstraße ein.
(breiten/langen, rechten/linken, rechts/links, hurtig/zügig, schmale/große)

Hauptteil, Abschnitt 3:

Der Autofahrer ________________ die Flurstraße schnell entlang. Er ________________ auch dann nicht vom Gaspedal, als der Radfahrer schon zu ________________ war. Plötzlich ________________ der Pkw-Lenker mehrmals.
(rasen/fahren, laufen/gehen, betrachten/sehen, alarmieren/hupen)

Setze im nächsten Abschnitt besonders passende Hauptwörter aus der Klammer ein.

Hauptteil, Abschnitt 4:

Daraufhin wurde der ________________ unsicher und wackelte mit seinem ________________. Erst dann, also in letzter ________________, machte der ________________ eine ________________ auf der trockenen ________________.
Das aber nützte nicht mehr viel, denn die alte, rote ________________ erwischte das blaue, fabrikneue ________________ am ________________. Weil der ________________ kurz vor dem heftigen ________________ von seinem ________________ abgesprungen war, kam auch er ohne ernsthaftere ________________ davon. Das ________________ wurde vorne links beschädigt und das ________________ am ________________.

(Aufprall, Auto, Fahrbahn, Fahrrad, Fahrrad, Hinterrad, Hinterrad, Limousine, Pkw-Fahrer, Rad, Radfahrer, Radler, Sekunde, Verletzung, Vollbremsung, Zweirad)

Der folgende Schluss enthält **keine Zeitwörter**.

Trage in jede Lücke ein brauchbares Zeitwort ein, das du dir selbst aussuchen darfst.

Schluss

Nur wenige Minuten nach dem Zusammenstoß ________________ die Polizei ein, die von Anwohnern ________________ worden war und ________________ verschiedene Zeugen.

Liest du nun den gesamten Text mit den von dir eingesetzten Wörtern durch, so hast du einen ordentlichen, **sprachlich verbesserten** Bericht gelesen.

Betrachte diese Unfallskizzen. Überlege, welche der zeichnerisch dargestellten Situationen einen Unfall genauer zeigt.

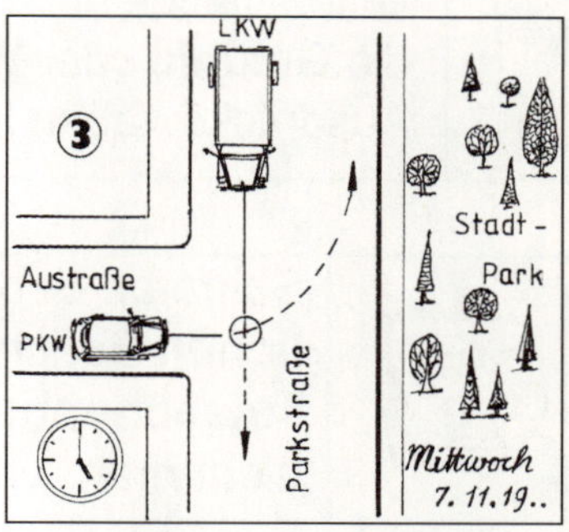

Schreibe nun einen Bericht über die Unfallsituation 3 auf deinen Block. Verwende dabei möglichst viele Aussagen vom erarbeiteten Lückentext.

Bimbo merkt sich:

So bildest du treffende Sätze!

- Verwende **treffende Fachbegriffe**, meist Hauptwörter.
- Baue **klärende Eigenschaftswörter** ein.
- Wähle **passende Zeitwörter** (in der Vergangenheit).

5. Schritt Den Bericht überarbeiten und verbessern

Teilschritt 1 Merkmale eines Berichts beachten

Lies den folgenden Text genau durch und versuche, die **Mängel** des Berichts zu entdecken.

Ein Autounfall

Am Samstag, den 20. 9. 1997, fuhr Herr Müller – ich glaubte fest, dass er es selbst war – seinen Opel um 10.20 Uhr vermutlich rückwärts aus seiner Garage und stellte ihn, glaube ich, ordnungsgemäß in der Einfahrt ab. Da die Einfahrt nach meinem Gefühl eine leichte Neigung zur Straße hat, zog Herr Müller die Handbremse seines schönen Autos wahrscheinlich schon an, was ich deutlich hörte. Allerdings hatte ich bei diesem außerordentlich scheußlichen Geräusch sofort das Gefühl, dass gleich etwas passieren musste.

Unterstreiche nun im Text die **Schlüsselwörter** oder **Satzteile**, die **Gefühle** oder **Vermutungen** zum Ausdruck bringen. Diese Ausdrücke haben in einem Bericht nichts verloren.

Seite: 12 Nr.: 7

Schreibe den Text neu in der Form eines **knappen** und **sachlichen** Berichts. Formuliere jeden Satz so um, dass daraus ein **Tatsachenbericht** wird, in dem die unterstrichenen Wörter nicht mehr vorkommen.

Markiere im folgenden Text die Wortwiederholungen.

Dann stieg er ein und schloss das Garagentor wieder zu. Dann parkte zur gleichen Zeit ein Ford der Fahrschule Heidingsfelder auf der Straße vor dem Grundstück der Familie Müller. Dann hielt der noch unsichere Fahrschüler den Fahrschulwagen so vor der Einfahrt an, dass das Heck des Ford deutlich in die Zufahrt ragte. Dann setzte sich der Opel plötzlich alleine in Bewegung und rollte schnell rückwärts. Dann wurde er auf den wenigen Metern zur Straße immer schneller und dann krachte es auch schon.

Formuliere die vorstehenden Sätze neu, indem du das Wort **„dann“** einfach **weglässt oder es ersetzt**. Allerdings musst du nun einige Sätze umbauen.

Hier drei Beispiele für verschiedene Satzanfänge:
Danach stieg ... – Zur gleichen Zeit ... – Ein wenig später...

Verschiedene Satzanfänge wählen **Teilschritt 2**

Die folgenden Sätze aus einem Bericht beginnen immer mit den Satzgegenständen, die im Text dick gedruckt sind.

Beispiele:
Wir – Ich – Herr Müller – Der Fahrer – ...

Lies den Text aufmerksam durch.

Wir spielten auf dem Garagenhof Ball. **Ich** schaute zufällig auf das gegenüberliegende Grundstück. **Herr Müller** fuhr am Samstag, 20. 9. 1997, seinen Opel Vectra um 10.20 Uhr rückwärts aus seiner Garage. **Der Fahrer** stellte sein Auto mit ausgeschaltetem Motor ordnungsgemäß in der Einfahrt ab. **Der Zufahrtsweg** hatte eine leichte Neigung zur Straße. **Herr Müller** zog deshalb die Handbremse seines Autos hörbar an. **Ein Ford Escort** der Fahrschule Heidingsfelder fuhr zur gleichen Zeit auf der Straße vor dem Grundstück der Familie Müller. **Der** unsichere **Fahrschüler** hielt den Fahrschulwagen vor der Einfahrt an. **Das Heck** ragte noch deutlich in die Zufahrt hinein. **Der Vectra** setzte sich plötzlich in Bewegung und rollte rückwärts. **Es** krachte auch schon. **Der Opel Vectra** war in die hintere Tür des Ford Escort gerollt und hatte diese stark eingedrückt. **Der Neuwagen** von Herrn Müller war nur an der hinteren Stoßstange beschädigt. ...

Satzanfänge:

Auf dem Garagenhof... – Zufällig... – Am Samstag... – Anschließend stellte... – Dort hatte der ... – Deshalb ... – Zur gleichen Zeit... – Vor der Einfahrt... – Deutlich... – Plötzlich... – Da krachte... – Weil der Opel... – Herrn Müllers Neuwagen...

Schreibe nun den Text neu. Baue die Sätze um und ersetze die dick gedruckten Satzteile der Reihe nach durch die Satzanfänge oben.

Bimbo merkt sich:
Überarbeite und verbessere deinen Bericht unter diesen Gesichtspunkten!

- Schreibe nur **Tatsachen** in den Text.
- Stelle **keine Gefühle** und **Vermutungen** dar.
- Vermeide **Wortwiederholungen**.
- Wähle **verschiedene Satzanfänge**.

Lies den **Musteraufsatz**: „Bericht von einem Unfall auf dem Schulweg" sorgfältig durch.

Musteraufsatz

Ein Unfall auf dem Schulweg

Jeden Morgen fuhren Marion und ich mit unseren Fahrrädern zur Schule. Meine Freundin befand sich etwa 30 Meter vor mir, als sie in einen Verkehrsunfall verwickelt wurde.

Um **7.40 Uhr** fuhr Marion am **Mittwoch, 24. 09. 1997,** mit ihrem Zwölfgangrad die Bahnhofstraße stadteinwärts. Am Anfang dieser Straße wurden wir von einem dunkelblauen Golf überholt. Nach ein paar hundert Metern blinkte das Fahrzeug rechts und parkte in einer Bucht in Fahrtrichtung. Marion fuhr die leicht abschüssige Straße mit gleichmäßiger Geschwindigkeit auf der rechten Fahrbahnseite entlang. Doch kurz bevor **Marion** am

Thema

I. ______________
führt zum
Ereignis hin

____
____

II. ______________
Tatsache
genaue
Darstellung

____

geparkten Golf vorbeifahren wollte, machte der **Fahrer** die Autotür plötzlich so weit wie möglich auf. Das Mädchen bremste sofort. Dadurch geriet das Rad leicht ins Schleudern. Meine Freundin konnte es nicht mehr rechtzeitig zum Stehen bringen. Auch ein Ausweichen war nicht mehr möglich. So traf das Vorderrad des Fahrrads voll auf die Innenseite der Pkw-Fahrertür. Beim Aufprall konnte sich die Schülerin nicht mehr auf dem Zweirad halten und flog wie bei einem Salto über die geöffnete Pkw-Tür. Meine Freundin Marion schlug mit ihrem Hinterkopf hart auf die Straße und blieb bewusstlos liegen. Sofort rannte der Golffahrer zur Verletzten und sah sie kurz an. Danach alamierte er die Polizei und den Rettungsdienst, der das immer noch stark benommene Mädchen ins Krankenhaus brachte.

Einige Zeit nach Marions Unfall fuhr ich zur Schule weiter, wo ich das Fernbleiben meiner Freundin gleich entschuldigte.

____

anschaulich
Unfallfolge

III. ______________________
rundet ab.

Trage in die Leerzeilen am Rand die folgenden Begriffe sinngemäß an der jeweils richtigen Stelle ein.

Einleitung – Hauptteil – Schluss – Wann? – Wer? – Was? – Wie?

Bimbo-Schule

Achte bei deinem Bericht auf diese Regeln:

- Stelle die 5 W-Fragen und beantworte sie den Tatsachen entsprechend.
- Schreibe die wesentlichen Dinge knapp und sachlich auf.
- Gefühle, Meinungen, Vermutungen und unwichtige Ausschmückungen bleiben weg, ebenso die wörtliche Rede. Es zählen nur Tatsachen.
- Eine Einleitung führt zum Unfallgeschehen hin, im Hauptteil wird über den Unfall berichtet und der Schluss rundet den Bericht ab.
- Treffende Fachbegriffe, klärende Eigenschaftswörter und passende Zeitwörter führen zu aussagekräftigen Sätzen.
- Beginne möglichst jeden Satz mit einem anderen Satzanfang und vermeide Wortwiederholungen.

Kapitel 9

Übungsaufgaben zu den Kapiteln 1–8

Aufgaben für den Übertritt an weiterführende Schulen

Quellenverzeichnis

1. Aus e. o. plauen, „Vater und Sohn“, Gesamtausgabe Erich Ohser © Südverlag GmbH/ Konstanz, 2000 mit Genehmigung der Gesellschaft für Verlagswerte GmbH, Kreuzlingen, Schweiz
2. © „Der kleine Herr Jakob“ von Hans Jürgen Press
3. Unsere Suche gilt den Rechteinhabern der Originaltexte der Fabeln: „Der Fuchs und der Ziegenbock“ – „Der Fuchs und die Katze“, die wir trotz allen Bemühens nicht finden konnten.

In fast allen Bundesländern wird von der Grundschule eine Empfehlung darüber ausgesprochen, ob der Schüler für den Besuch einer weiterführenden Schule geeignet ist. Sind Eltern mit dem Ergebnis dieser Empfehlung nicht voll einverstanden, kann in manchen Bundesländern die Teilnahme an einer Aufnahmeprüfung beantragt werden oder der Schüler kann – wie z. B. in Bayern – am Probeunterricht teilnehmen.

Die folgenden „Testaufgaben“ sind einerseits für alle Schüler als eine Leistungskontrolle im Aufsatzschreiben, andererseits als Vorbereitungshilfe auf eine Aufnahmeprüfung oder für den Probeunterricht konzipiert. Die Schüler, die das ganze Schuljahr intensiv mit dieser Lernhilfe gearbeitet haben, werden vermutlich die gewünschte Empfehlung erhalten und bei der Aufnahmeprüfung bzw. im Probeunterricht keine Probleme mehr haben.

Werden die Testaufgaben als Vorbereitung auf die Aufnahmeprüfung eingesetzt, so ist zu beachten, dass die Dauer für jede Testarbeit auf 60 Minuten beschränkt ist. In dieser Zeitspanne ist die jeweilige Aufgabenstellung zu lösen.

Testaufgaben A

1. Erzähle die folgende **Fabel** von Äsop nach!
   (Diese Geschichte wird bei einer Prüfung zweimal vorgelesen.)

Der Löwe und die Maus

Als der Löwe schlief, lief ihm eine Maus über den Körper. Aufwachend packte er sie und war drauf und dran sie aufzufressen. Da bat sie ihn, er solle sie doch freilassen: „Wenn du mir das Leben schenkst, werde ich mich dankbar erweisen.“ Lachend ließ er sie laufen. Es geschah aber, dass bald darauf die dankbare Maus dem Löwen das Leben rettete. Denn als er von Jägern gefangen und mit einem Seil an einen Baum gebunden wurde, hörte ihn die Maus stöhnen. Sie lief zu ihm und indem sie das Seil rundherum benagte, befreite sie ihn. „Damals“, sagte sie, „hast du gelacht über mich und nicht erwartet, dass ich es dir vergelten könne, jetzt weißt du, dass auch Mäuse dankbar sein können!“

Die Lehre der Fabel: In schlechten Zeiten haben auch sehr Mächtige die Schwächeren nötig.

2. Erzähle die **Bildergeschichte** von Max und Moritz!
   Welchen Ausgang wird die Geschichte wohl nehmen?

Testaufgaben B

Wähle für deinen Aufsatz eines dieser Themen aus!

1. Verfasse aus der folgenden **Reizwortreihe** eine Erzählung und finde eine passende Überschrift dazu!
   Georg (Sabine) – Volksfest (Jahrmarkt) – Luftballon – Postkarte

2. Wer andern eine Grube gräbt, fällt selbst hinein!
   Erzähle eine spannende Geschichte zu diesem **Sprichwort**!

3. Erzähle die folgende **Bildergeschichte**!
   Denke dir einen sinnvollen Schluss aus, der zur Geschichte passt.
   Erfinde selbst eine geeignete Überschrift!

Testaufgaben C

Bearbeite eines der beiden Aufsatzthemen!

1. Schreibe eine Geschichte zu folgenden **Reizwörtern**!
   Einladung – Übermut – Scherben
   Suche selbst eine passende Überschrift!

2. Erzähle die Geschichte, die in der **Bilderfolge** dargestellt wird!
   Das 6. Bild fehlt. Wie wird die Geschichte ausgehen?
   Erfinde eine passende Überschrift!

Testaufgaben D

Wähle eine der beiden gestellten Aufgaben aus!

1. **Fortsetzungsgeschichte:**
   Erzähle die angefangene Geschichte nach und führe sie so zu Ende, als hättest du sie selbst erlebt! Finde eine Überschrift!

   Zu Beginn der Sommerferien bekam ich endlich das so sehnlichst gewünschte Fahrrad. Es hatte einen dunkelroten Rahmen, eine silberne Lampe und eine Schaltung mit 18 Gängen. Das herrliche Sommerwetter verlockte mich zum Fahren. Gleich nach dem Frühstück drehte ich im Hof ein paar Runden. Nach einiger Zeit öffnete Mutter die Balkontür und rief: „Der Verkehrsbericht im Radio vermeldet heute starken Ausflugsverkehr auf den Straßen. Bleib heute bitte im Hof."

2. **Erzähle eine Geschichte** zu den beiden Bildern! Erfinde selbst eine Einleitung, einen Schluss und eine passende Überschrift!

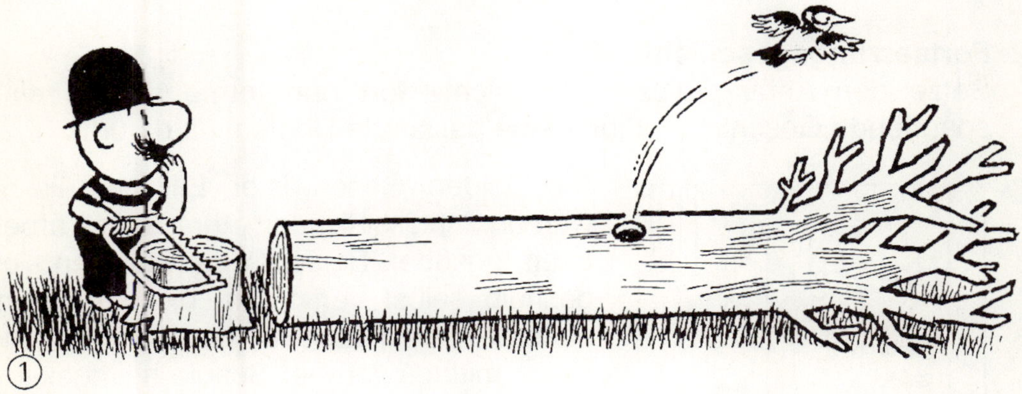

①

②

Testaufgaben E

Schreibe einen Aufsatz zu einem der drei folgenden Themen:

1. Verfasse eine **Suchanzeige** des abgebildeten Gegenstandes für das schwarze Brett der Schule! Beschreibe die Geldbörse möglichst genau!

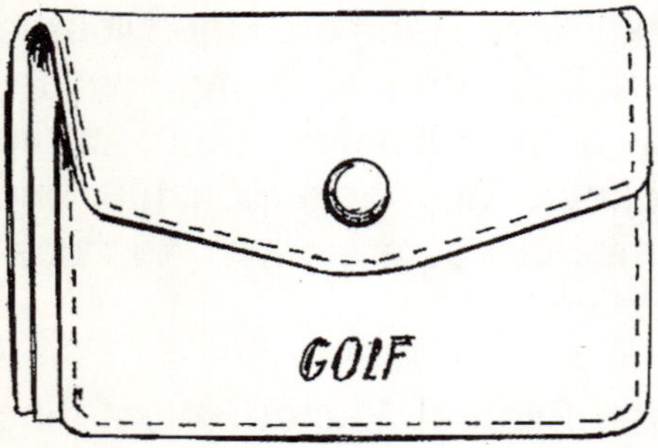

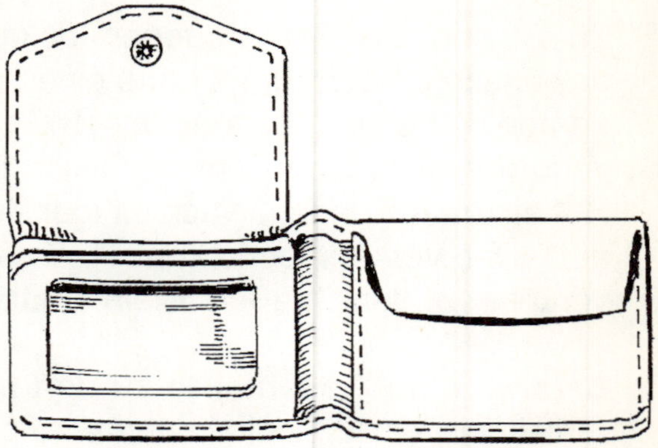

2. **Fortsetzungsgeschichte**
   Setze den Anfang dieser Geschichte fort und forme daraus eine spannende Geschichte. Finde eine passende Überschrift dafür!

Die beiden Geschwister Elfi und Heinz waren „Schlüsselkinder“. Ihre Eltern arbeiteten tagsüber. Beide Kinder mussten sich deshalb selbst versorgen, bis ihre Eltern abends nach Hause kamen. Als Elfi und Heinz mittags von der Schule heimgekehrt waren, standen sie vor der Haustür. Eben wollte Heinz den Schlüssel ins Schloss stecken. Plötzlich hörten sie hinter der Tür ein verdächtiges Geräusch. …

3. **Erlebniserzählung**
   Diesen Augenblick in meinem Leben werde ich wohl nicht so bald vergessen!

Testaufgaben F

Schreibe einen Aufsatz zu einer der folgenden Aufgaben:

1. **Reizwortgeschichte:** Affe – Wassergraben – Spiegel!
   Erfinde eine Geschichte, in der die drei Wörter eine Rolle spielen und schreibe eine passende Überschrift dazu!
   Die Reihenfolge der Wörter kannst du selbst festlegen.

2. **Erzähle die Geschichte** vom bitterbösen Friederich, die in der Bilderfolge dargestellt wird! Erfinde eine passende Überschrift!

Testaufgaben G

Wähle von den folgenden Aufgaben ein Thema aus!

1. **Ausbau eines Erzählkerns:**
   Zwei Freunde – Sonntagnachmittag – Waldrand – spielen – verirrt – Burgruine – Fund – Belohnung
   Die Reihenfolge der angeführten Stichpunkte ist einzuhalten.

2. Schreibe eine **Erlebniserzählung** mit dem Thema:
   Wie konnte das nur passieren!

3. **Fortsetzung einer Erzählung:**
   Erzähle den Anfang der folgenden Erzählung nach!
   Setze dann die Geschichte möglichst spannend und lebendig fort!
   Finde eine passende Überschrift dazu!

Gestern Abend gingen meine Eltern ins Theater. Sie meinten, ich sei alt genug, um mit unserem Hund allein daheim zu bleiben. Ich glaubte das auch. Doch kaum waren meine Eltern aus dem Haus, da wurde es mir unheimlich zumute. Mein Hund begann zu winseln und kroch verängstigt zu mir auf die Couch.
Offensichtlich hatte er etwas bemerkt. Da hörte ich sie auch, die seltsamen Geräusche im Garten.
Vorsichtig schob ich die schweren Vorhänge zur Seite. ...

4. Erzähle eine spannende Geschichte zum **Sprichwort**:
   Lügen haben kurze Beine.

Testaufgaben H

Schreibe einen Aufsatz zu einer der folgenden Aufgaben:

1. Verfasse eine **Erlebniserzählung** zu folgendem Thema:
   Von einem Unwetter überrascht

2. Schreibe eine **Reizwortgeschichte**:
   Fahrrad – Panne – Dunkelheit
   Gib ihr eine passende Überschrift!

3. Fertige einen genauen **Bericht** über den Unfallhergang an! Die Zeichnung hilft dir dabei. Die Stichpunkte hat ein Zeuge des Unfalls in aller Eile auf einen Zettel notiert.

Samstagvormittag – gegen 10 Uhr – Tordurchfahrt – Ringstraße Süd – nasse Straße – der zehnjährige Schüler Rainer: Vorfahrt missachtet – Pkw-Fahrer Herr Fuchs – BMW – Verkehrsunfall durch Zusammenstoß – geringer Sachschaden am Auto – verbeultes Fahrrad – beide Verkehrsteilnehmer leicht verletzt – Polizei – Krankenhaus – Zeugenbefragung

Testaufgaben I

Wähle von den folgenden Aufgaben einen Aufsatz aus!

1. **Beschreibe** möglichst genau einen Elefanten!
   Das Bild und einige Beschreibungsmerkmale aus einem Lexikon helfen dir dabei.

Erdteil: Afrika
Lebensweise : Familienherde – Pflanzen fressendes Säugetier – scheu – Einzelgänger
Größe: bis 4 m hoch, 7 m lang
Gewicht: 4 Tonnen (4 t)
Aussehen: plumper Rumpf – säulenförmige Beine – kurzer Hals – Hängeohren
Besondere Merkmale: riesengroße Ohren – langer Rüssel – zwei Stoßzähne – Schwanz
...

2. **Fortsetzungsgeschichte:**
   „Was bringt ihr denn da an?", fragt Mutter ihre beiden Kinder Gabi und Heinz, die langsam die Treppe zum Keller herunterkommen. „Schau, wir haben eine junge Türkentaube gefunden. Sie kann noch nicht fliegen. Vielleicht ist sie verletzt?", antwortet Gabi besorgt. „Die Taube ist am Straßenrand gesessen", fügt Heinz hinzu. Mutter macht ein nachdenkliches Gesicht. ...
   Setze die Geschichte fort! Erfinde eine abgeschlossene Erzählung und suche eine passende Überschrift!

3. Schreibe eine **Erlebniserzählung** zu folgendem Thema:
   Eine brenzlige Sache!